もっと なっとく 使える
スポーツ
サイエンス
Handbook of Trendy Sports Sciences

征矢英昭・本山 貢・石井好二郎 編

講談社

## 執筆者一覧

| | | |
|---|---|---|
| 家光素行 | 立命館大学スポーツ健康科学部　教授 | |
| ＊石井好二郎 | 同志社大学スポーツ健康科学部　教授 | |
| 石川昌紀 | 大阪体育大学体育学部　教授 | |
| 岡崎和伸 | 大阪市立大学都市健康・スポーツ研究センター　教授 | |
| 岡本正洋 | 筑波大学体育系　助教 | |
| 荻田 太 | 鹿屋体育大学体育学部　教授 | |
| 笠師久美子 | 北海道医療大学薬学部　特任教授 | |
| 上林清孝 | 同志社大学スポーツ健康科学部　准教授 | |
| 小林秀紹 | 札幌国際大学スポーツ人間学部　教授 | |
| 佐藤大輔 | 新潟医療福祉大学健康科学部　教授 | |
| 佐野加奈絵 | 森ノ宮医療大学保健医療学部　講師 | |
| 澤田 亨 | 早稲田大学スポーツ科学学術院　教授 | |
| 島 典広 | 東海学園大学スポーツ健康科学部　教授 | |
| 下河内洋平 | 大阪体育大学体育学部　教授 | |
| 菅生貴之 | 大阪体育大学体育学部　教授 | |
| ＊征矢英昭 | 筑波大学体育系　教授 | |
| 田口素子 | 早稲田大学スポーツ科学学術院　教授 | |
| 徳山薫平 | 筑波大学体育系　教授 | |
| 谷本道哉 | 近畿大学生物理工学部　准教授 | |
| 冨樫健二 | 三重大学教育学部　教授 | |
| 中田由夫 | 筑波大学体育系　准教授 | |
| 鍋倉賢治 | 筑波大学体育系　教授 | |
| 西島 壮 | 首都大学東京人間健康科学研究科　准教授 | |
| 野坂和則 | Edith Cowan University（Australia），School of Medical and Health Sciences，Professor | |
| 長谷川 博 | 広島大学大学院総合科学研究科　教授 | |
| 林 貢一郎 | 國學院大學人間開発学部　教授 | |
| 檜垣靖樹 | 福岡大学スポーツ科学部　教授 | |

| | | |
|---|---|---|
| 兵頭和樹 | 明治安田厚生事業団体力医学研究所 | 研究員 |
| 福 典之 | 順天堂大学大学院スポーツ健康科学研究科 | 先任准教授 |
| 松井 崇 | 筑波大学体育系 | 助教 |
| 松生香里 | 川崎医療福祉大学医療技術学部 | 准教授 |
| ＊本山 貢 | 和歌山大学教育学部 | 教授 |
| 山口太一 | 酪農学園大学農食環境学群 | 准教授 |
| 山口明彦 | 北海道医療大学リハビリテーション科学部 | 教授 |
| 山田 実 | 筑波大学人間系 | 教授 |
| 渡邊裕也 | 明治安田厚生事業団体力医学研究所 | 研究員 |

（50音順，＊は編者）

●執筆協力者

| | | |
|---|---|---|
| 朴寅成 | 筑波大学国際統合睡眠医科学研究機構 | 研究員 |
| 髙橋佳那子 | 筑波大学体育系 | 研究員 |
| 諏訪部和也 | 筑波大学体育系 | 研究員 |
| 小泉 光 | 筑波大学大学院人間総合科学研究科 体育学専攻 博士後期課程 | |

# まえがき

　東京五輪・パラリンピックを3年後に控え，今，スポーツ熱はうなぎ登り．試合を観たり応援するだけでなく，自ら実践する機会も増えつつあります．日々，皇居周りを走るランナーは後をたちませんが，若いビジネスマンの数も増えています．100歳を越えても，毎日少しずつ泳ぐことで世界記録を維持する女性，様々なスポーツに挑戦し高い運動能力を獲得する障害者の存在は驚くべきことです．それだけ人のからだには大きな可能性があるのです．スポーツの実践は，どんなものでも継続することで少しずつ心身に逞しさが宿り，快適さを得られるようになります．しかし，その効果は，個人で大きく異なることも事実．何故なのか？　自分はどうすればいいのか？　前向きになればなるほど疑問は湧いてきます．

　少しでも問題を解いて「なっとく」しながら実践することは，トレーニング効果を高める原理の一つ，「自覚性の原理」をうまく働かせてくれます．今や知の時代．誰もが何故かを，そしてホンモノを知りたくなります．巷では多くの情報が溢れていますが，どう選んだらいいのかも難しいところです．今，健康・体力増進のためにどう運動を行い，指導すべきかに関して米国スポーツ医学会を発信源として，"Exercise is medicine"の考え方が広がっています．あらゆる運動の効果は，人の年齢，性別，体力差，環境など様々な因子により異なることを踏まえ，薬のように効果の裏にあるメカニズムを明らかにし，誰でも「なっとく」できるようにすることの重要性を説いています．

　本書は，そうしたニーズに応えるため，先端的な研究に従事する気鋭の研究者の中から，現場の問題に精通する研究者を選び，難しい課題をお願いしました．運動効果を解決するには，医学や生物学，工学的な知見と理解が不可欠．どうしても難しくなるのが常です．それでもいかにわかりやすく，かつ面白く解説できるかが本書の挑戦でもあります．しかし，あくまで，信頼できる文献にもとづき，問題点も挙げながらの解説にこだわっていく．そしていつでも傍らにおいて気軽にひも解ける，そして奥深いと感じられる，そんな本になるようにとお願いしたのです．

　こうした考えに立って我々は2002年に本書の前身となる『これでなっとく使えるスポーツサイエンス』を上梓しました．2007年には新版を出すまでになり，その後も版を重ねてきました．まずは誰でも実践を通じて感じるマクロ

な疑問を挙げ，その先に基礎的解説を加えています．常に原典を精査しながら，「わかるかどうか」，「面白いかどうか」，そして「本当に使えるかどうか」にこだわってきたのです．しかし，初版から15年，サイエンスは日進月歩であり，本書の新鮮さに翳りがでるのも否めません．さらにこの間，多くの読者からの賛同やさらなる疑問が寄せられ，全面改訂でしかそれらに応えることはできぬことを悟りました．その結果，『もっとなっとく（できる）使えるスポーツサイエンス』として打ち出すことになったのです．果たして読者にどう受け入れられるか，不安でもありますが，我々の新たな挑戦である点をご理解いただければ幸いです．

　初版以来，本書を大切に育み，そして必要性を喚起してくれたのは読者，そして出版社の国友さん（クニさん）でもありました．山登りのお好きなクニさんだからこそ，一つの山を越えた先にはさらに高い山を目指すのは当然，と編者3人は「なっとく」しています．しかし，本当に「なっとく」することの難しさを感じてしまうのは，サイエンスを深める者がもつ宿命でもあります．今回の全面改訂にあたり，テーマやメンバーを大きく刷新したのは必然のことでした．15年のロングセラーに甘んじることなく，新たな企画「もっとなっとく」が読者の多くに響くことを期待し，自信をもって本書を紡ぎました．

　からだには大きな可能性があることを信じて，それを引き出そうとする作業は苦しくもあり，楽しくもあり．スポーツを愛し，生活に取り入れ，少しでも快適な生活を目指して生きる多くの人の役に立てばと願って，本書を捧げます．

2017年4月

編者　征矢英昭
本山 貢
石井好二郎

# もっとなっとく 使えるスポーツサイエンス
contents

## chapter 1 トレーニングのための使えるスポーツサイエンス

1.01　ストレッチングには，どのような方法および効果があるのか？　2
1.02　ウォーミングアップに適したストレッチングの方法は？　4
1.03　体力を高めるには，たくさんのトレーニングが必要？　6
1.04　持続的運動とインターバル運動は，どちらが効果的？　8
1.05　ジョギング・LSDにはどのような効果があるのか？　10
1.06　持久力トレーニングには，LSDなどの他にどのようなものがあるのか？　12
1.07　最も効果の高い筋トレの負荷，回数，頻度は？　18
1.08　体幹トレーニングって何？　21
1.09　インナーマッスルは軽負荷でなければ鍛えられないって本当？　24
1.10　遅発性筋肉痛はなぜ起こる？　27
1.11　筋肉を鍛えるには，筋肉を損傷させるトレーニングが有効か？　30
1.12　トレーニングではどのような休息が効果的なの？　32
1.13　どのような睡眠が競技力向上につながるか？　34
1.14　トレーニング効果を高める栄養・食事摂取とは？　37

1.15　理想的な食事バランスとは？　40

1.16　暑い環境下でも高いパフォーマンスを発揮する方法とは？　42

1.17　高地トレーニングは短距離選手には効果はないの？　45

1.18　子供への早期専門化トレーニングって成功に結びつくの？　48

1.19　女性アスリートによくみられる身体的トラブルとは？　50

1.20　マスターズ競技者のトレーニングは若い選手と同じで良いか？　52

1.21　遺伝的な体質で適正種目の選択や効果的なトレーニング方法がわかるの？　54

　　**column** ●朝練習は持久力改善に効果があるのか？　15

　　**column** ●800 m ランナーには無酸素性の能力が必要なのか？　17

# chapter 2　試合で勝つための使えるスポーツサイエンス

2.01　パフォーマンスを整えるピーキング・テーパリングとは？　58

2.02　心理的に最高の状態で試合に臨むにはどうしたらいいの？　60

2.03　試合日に向けて何をどのように食べるべきか？　63

2.04　試合当日は特別な食事が必要か？　65

2.05　試合前のウォーミングアップのポイントは？　67

2.06　パワー系種目のパフォーマンスを向上させる直前の調整法ってあるの？　69

2.07　試合期のけがを予防するにはどうすればいいの？　72

2.08　身体冷却は運動パフォーマンスを向上させるか？　76

2.09　運動している時の水分補給は何に注意すればいいの？　79

2.10　市販のかぜ薬でもドーピング？　82

2.11　火事場の馬鹿力って本当にあるの？　84

column ●遺伝子ドーピング　86

# chapter 3　健康なからだのための使えるスポーツサイエンス

3.01　スポーツをすると長生きするの？　88
3.02　スポーツ選手は風邪をひきやすいって本当？　90
3.03　スポーツ選手はお腹をこわしやすいの？　92
3.04　若くても運動不足だと血管は老けてしまう？!　94
3.05　血管を若く維持するにはどんな運動が効果的なの？　97
3.06　運動すると高血圧のリスクが下がるのか？　100
3.07　血糖値で何がわかるの？　103
3.08　血糖値は運動するとどうなるの？　105
3.09　運動によって大腸がんの発症は予防できるか？　108
3.10　高齢者でもトレーニングすれば筋肉がつくって本当なの？　110
3.11　サルコペニアとサルコペニア肥満って何？　112
3.12　水中運動は介護予防・寝たきり予防に効果があるの？　116
3.13　中高年者にはどのような筋力トレーニングが効果的か？　119
3.14　筋肉痛が遅れて出るのは年をとった証拠？　121
3.15　運動すればウエイトコントロールはできるの？　123
3.16　肥満の子供にはどう運動を勧めればいいの？　125
3.17　子供の時の運動やスポーツが体組成および体力に与える影響は？　128
3.18　子供の暑さや寒さに対応する能力は，大人と同じ？　131
3.19　暑さや寒さに対応する能力は，老化によって衰える？　134
3.20　中高齢女性の健康づくりに必要な運動とは？　137
3.21　子供もサプリメントを取ったほうが強くなれるのか？　139

3.22　タバコとアルコールはパフォーマンスや健康に影響するのか？　141

3.23　低酸素でのトレーニングは，健康を害することはないの？　144

3.24　運動時には脳も疲れるの？　146

3.25　運動で脳は活性化されるか？　148

3.26　どんな運動が記憶力を高めるために効果的なの？　150

3.27　運動はメンタルヘルスの増進に有効か？　154

3.28　運動は脳のアンチエイジングに有効か？　156

　　　column ●持久力が高いほど，認知機能が高いって本当？　152

## スポーツサイエンスの基礎知識

**筋肉とエネルギー供給の基礎知識　160**

**呼吸循環の基礎知識　168**

**内分泌系（各種ホルモン，乳酸など）の基礎知識　172**

**神経科学の基礎知識　174**

**トレーニングの基礎知識　178**


付録●骨格系の解剖図　185

　　　大腿と骨盤の筋　186

　　　アルコールの体内での処理　187

索引　188


カバーイラスト──平田利之
本文イラスト──田中優美
ブックデザイン──安田あたる

chapter 1

# トレーニングのための使えるスポーツサイエンス

chapter 1 | sportsscience 1.01 | ウォーミングアップ | 解説●山口太一

# ストレッチングには，どのような方法および効果があるのか？

●ストレッチングの方法

　**スタティック（静的）ストレッチング**（図A）：反動をつけずにゆっくりと関節可動域（関節を動かすことのできる範囲）の限界近くまで筋や腱を引き伸ばし，その状態を一定時間保持します．簡単かつ安全な方法であることから，いわゆる『ストレッチング』としてさまざまな場面で利用されています．

　**ダイナミック（動的）ストレッチング**（図B）：伸ばそうとしている筋群の反対側に位置する筋群（例えば，大腿後面の筋群を伸ばすならば，脚の付け根や大腿前面の筋群）を意識的に収縮させ，関節の曲げ伸ばしや回旋などを行って，筋や腱を引き伸ばします．スポーツのさまざまな動きに合わせて実施することが可能であり，それぞれの動きに合わせた柔軟性を改善することができます．

　**バリスティックストレッチング**（図C）：反動や勢いをつけて関節の可動域の全体あるいは可動域を越えるところまで筋や腱を引き伸ばします．ストレッチングの方法の中では最も古くから用いられてきた方法ですが，過度の反動や勢いによって急激に筋を伸ばすと，伸張反射（急激に伸ばされた筋が危険を感じて元に戻ろうとする働き）が生じ，かえって筋が縮まる可能性があることや筋や腱に損傷を引き起こす恐れもあり，利用を疑問視する声もあります．

　**Proprioceptive Neuromuscular Facilitation（PNF：固有受容性神経筋促通法）を用いたストレッチング**（図D）：関節の可動域の限界近くでパートナーの徒手抵抗に反発するように，伸ばそうとしている筋の力発揮を行い，力を抜いた後，スタティックストレッチングを行う方法が代表的です．柔軟性を高める方法として最も有効であるとする意見もありますが，本来はパートナーがしっかりとPNFの技術を習得していなければならず，一般の方には難しい方法です．

●ストレッチングの効果

　**関節の可動域を広げる**：ストレッチングの主たる効果は関節の可動域を広げることですが，この他にも以下のような効果が明らかとなっています．

　**運動前の準備に役立つ**：運動前にストレッチングを行い，それぞれの運動に必要とされる関節の可動域を獲得することは，運動中のけがの予防やパフォーマンスの向上につながります．

　**心身をリラックスさせる**：スタティックストレッチングは筋や腱の緊張を緩

図 ストレッチングの方法

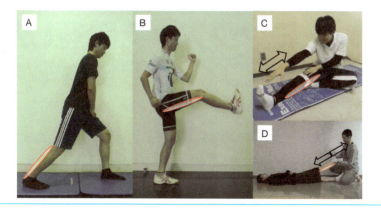

和し，からだをリラックスさせる効果に加え，副交感神経（リラックスを司る自律神経）の活動を高める効果もあり，気分もリラックスさせてくれます．したがって，運動や仕事で疲れがたまった時のスタティックストレッチングはからだにも心にも有効です．また，スタティックストレッチングには安眠を導く効果もあり（永松ら，2008），就寝前にスタティックストレッチングを行うのも良いでしょう．

**筋の萎縮を抑える**：スタティックストレッチングにより筋の細胞が引き伸ばされると，細胞内では筋の成長を促す信号が出されるそうです．継続してきたトレーニングを数週間中止すると筋が萎縮する（細く小さくなる）ことがわかっていますが，トレーニングを中止してもスタティックストレッチングの実施によって筋の萎縮が抑えられたことが示されています（笠原ら，2010）．

**血管を柔らかくしてくれる**：男性および高齢女性では身体の柔軟性が高い人ほど血管が柔らかいことが報告されています（Nishiwakiら，2014）．さらに，習慣的にスタティックストレッチングを行うことで血管が柔らかくなったことも報告されています（Nishiwakiら，2015）．

### まとめ

◆ストレッチングには，スタティック（静的）ストレッチング，ダイナミック（動的）ストレッチング，バリスティックストレッチングおよびPNFを用いたストレッチングがある．
◆ストレッチングには，運動前の準備，心身のリラックスの促進，筋萎縮の抑制，血管の柔軟性向上などの効果がある．

# chapter 1 sportsscience 1.02 ウォーミングアップ

解説●山口太一

# ウォーミングアップに適したストレッチングの方法は？

## ●ウォーミングアップはダイナミックストレッチングを中心に

　ウォーミングアップのストレッチングには，①運動中のけがの予防と，②運動のパフォーマンス向上の効果が求められます．

　運動に必要な関節可動域が獲得されていない状態や筋や腱が硬い状態で運動すると，けがを負う危険性が高まります．けがの予防にはストレッチングで運動に必要な可動域を獲得し，筋や腱をほぐすとよいでしょう．肉離れの予防には特に効果的とされ，発生率は半分以下に減らせるとされています（Behmら，2015）．

　また，運動のパフォーマンスを向上させるためには，運動に必要な可動域の獲得と筋や腱の機能の改善が必要となります．スタティックストレッチングには可動域を広げる効果はありますが，筋や腱の機能の改善効果はさほどありません．そればかりか，ストレッチングの時間が長くなると，逆に筋の機能を低下させてしまう恐れさえあります．Siatrasら（2008）は30秒以上のスタティックストレッチングによって筋力が低下したことを報告しました．したがって，ウォーミングアップに30秒以上のスタティックストレッチングの実施は禁物です．実際のスポーツの現場では30秒未満のスタティックストレッチングの利用が一般的とされています（Duehringら，2009）．また，スタティックストレッチングには当日のコンディションをチェックする，すなわち，柔軟性のチェックをすることで，どの筋を重点的にストレッチングしなければならないかを確認する目的もありますが，その場合も30秒未満の実施にとどめることを心がけましょう．

　一方で，ダイナミックストレッチングは運動に必要な可動域の改善効果と筋の機能を高める効果を併せ持つことから，ウォーミングアップでパフォーマンスを向上させるのに適した方法です．実際に，多くの研究でダイナミックストレッチングの実施によるジャンプ力やダッシュ力などの瞬発力の向上効果が示されており，最近では持久力の向上効果も確認されています．

　これらのことを考慮すると，ウォーミングアップのストレッチングの手順としては，30秒未満のスタティックストレッチングで柔軟性をチェックした後，ダイナミックストレッチングをメインに30秒未満のスタティックストレッチングを補助的に取り入れる方法が好ましいと考えられます．

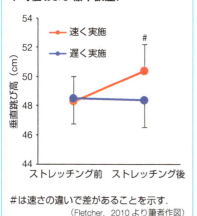

図1 ダイナミックストレッチングの動きの速さが垂直跳び高に及ぼす影響．平均値および標準誤差．
#は速さの違いで差があることを示す．
（Fletcher, 2010 より筆者作図）

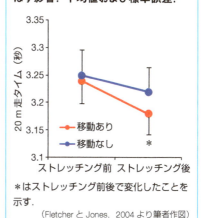

図2 移動ありおよびなしのダイナミックストレッチングが20m走タイムに及ぼす影響．平均値および標準誤差．
*はストレッチング前後で変化したことを示す．
（Fletcher と Jones, 2004 より筆者作図）

● ダイナミックストレッチングは動きの速さと量を意識して

　では，ウォーミングアップではどのようにダイナミックストレッチングを実施すれば良いのでしょうか？　ダイナミックストレッチングが瞬発力に及ぼす影響を調査した多くの研究結果から総合的に評価すると，①ダイナミックストレッチングの動きの速さと②ダイナミックストレッチングの量を意識することが重要であることがわかりました．

　ダイナミックストレッチングの動きの速さについては，最大限速く実施したほうが瞬発力の向上効果が高いといえます（図1）．これは最初から速く実施しなくても，最初はゆっくり行い，徐々に速くしても同様の効果が得られます．

　ダイナミックストレッチングの量は，回数としては，10～15回×1～2セットが適切であると言えます．また，スタート地点とゴール地点にコーンなどをおいて距離で量を規定する場合では，10～20m×1～2セットが好ましいと考えられます．ダイナミックストレッチングはその場で立ったまま実施するよりも移動しながら実施したほうが瞬発力の向上効果が高いことが示されています（図2）．よって，慣れてきたらダイナミックストレッチングの量は距離で規定するのが良いでしょう．これらの適切な方法のダイナミックストレッチングは持久力の向上にも有効です．

> **まとめ**
> ◆ウォーミングアップで運動のパフォーマンスを向上させるためには，ダイナミックストレッチングの実施が望ましい．その際のダイナミックストレッチングは10～20mの距離を移動しながら速い動きで1～2セット行う．
> ◆スタティックストレッチングは30秒未満とし，補助的な利用にとどめる．

chapter 1　sportsscience 1.03　トレーニングの効果　解説●荻田　太

# 体力を高めるには，たくさんのトレーニングが必要？

●トレーニング効果に影響する要因

　トレーニング効果には，トレーニング量，頻度，強度，遺伝要因，性別，年齢など，さまざまな要因が関与しています．ではどの要因に留意してトレーニングをすれば，より大きな効果が得られるのでしょうか．

　図は，運動強度，頻度，期間（総トレーニング量）の異なる7つの群を設け，トレーニングを実施した際の総エネルギー消費量（トレーニング量：A），運動強度（B）と最大酸素摂取量の増加量との関係をみたものです．ここで注目してほしいのは，最大酸素摂取量の増加は必ずしもトレーニングの量や頻度に依存して増加しているわけではなく，強度にのみ強く依存しているという点です．

　このようなトレーニング効果は，最大酸素摂取量に関してだけではなく，無酸素性エネルギー供給能力に対しても同様であることが証明されています．ただし，ただ単純に高い強度でやりさえすれば良いというわけではなく，目的とするエネルギー供給系に対して，できるだけ高い刺激（強度）を与えるほど，より高いトレーニング効果が得られると考えるべきでしょう．

●高強度インターバルトレーニング

　高いトレーニング強度を設定しつつ，さらに長時間，しかも高頻度で実施すれば，もっと大きなトレーニング効果が得られるのではと期待するかもしれません．しかし必ずしもその考えが的を射ているわけではなく，短時間でも，高強度であれば，長時間持続するトレーニングと同様か，あるいはそれ以上に大きな効果が得られることがわかってきました．これまでに，大きな成果が認められてきた短時間高強度トレーニングをいくつか紹介してみます．

・タバタプロトコール（Tabata Protocol）：これは，170% $\dot{V}O_2$max 強度（〜50秒程度維持できる強度）で20秒の運動を10秒の休息を挟みながら，強度を落とさないように8セット反復するトレーニングです．有酸素性，無酸素性両エネルギー供給系に最大の刺激を与えられるトレーニングプロトコールであることが科学的に証明されており，最大酸素摂取量と，無酸素性エネルギー供給能力である最大酸素借の両方を短期間で向上できるトレーニングです．日本の田畑泉先生（立命館大学教授）がアメリカスポーツ医学会の学術誌に発表したことから全世界で注目され，国の内外を問わず"Tabata Protocol"やタバタ

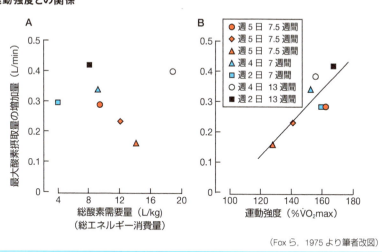

図 さまざまな強度，頻度，期間の組み合わせでインターバルトレーニングを行ったあとの最大酸素摂取量の増加量と，トレーニング時の総酸素需要量（トレーニング量），運動強度との関係

(Fox ら，1975 より筆者改図)

式トレーニングの愛称で呼ばれています．

・Gibara らのプロトコール：Gibara が提唱しているプロトコールは，30 秒の全力運動を 4 分から 4 分半の休息を挟んで，4〜7 回反復させるトレーニングです．このトレーニングにおいても，最大酸素摂取量の向上，解糖系および酸化系酵素活性の亢進，高強度運動パフォーマンスの向上，さらにはメタボリックシンドロームの危険因子改善など，パフォーマンス向上から健康増進に至るまで，さまざまなトレーニング効果が示されています．

・荻田らのトレーニング：筆者らも，100 m ダッシュのように 10 秒程度しか維持できない強度で 5 秒の運動を 10 秒の休息を挟みながら 5 回反復させるプロトコールを提唱しています．わずか 25 秒の運動ですが，運動終盤の酸素摂取量はほぼ最大酸素摂取量レベルに達し，しかも無酸素性エネルギー供給系への刺激も強いことがわかっています．4 週間のトレーニングで最大酸素摂取量，最大酸素借，そして最大無酸素性パワーの向上が認められました．おそらく，これまで報告されている中で，ATP-CP 系（ATP-PCr 系），乳酸系，有酸素系のすべての指標を向上させうる最も短い高強度トレーニングプロトコールと思われます．

### まとめ

◆高いトレーニング効果を得るには，トレーニング量や頻度よりも，向上させたいエネルギー供給系により高い刺激を与えうる強度を設定することが重要．

chapter 1 | sportsscience 1.04 | トレーニングの種類 | 解説●荻田 太

# 持続的運動とインターバル運動は,どちらが効果的?

　トレーニングによって体力(ここでは,有酸素性・無酸素性両エネルギー供給能力を指す)を高めるには,一般的に30分以上にわたって継続して行う持続的運動と,休息あるいは軽運動を挟みながら主運動を繰り返すインターバル運動が代表的なものではないでしょうか.ここでは,それぞれの運動の特徴とそれぞれがもたらす効果について解説します.

### ●持続的運動の特徴

　一般的に,健康増進のため,あるいは持久力を向上させるためには,低強度から中強度で長時間にわたって持続する運動,いわゆる「有酸素運動」が効果的とされてきました.具体的には,50%$\dot{V}O_2$max(心拍数で毎分100〜120拍程度)程度から換気性閾値,乳酸性作業閾値(LT)レベル程度の運動強度が推奨されています.この程度の強度であれば,過剰な血圧上昇もなく,関節などへの負担も小さいため,若年者から高齢者に至るまで安全に行えるでしょう.また,脂肪をエネルギー源として使うのも有酸素性エネルギー供給系だけですし,脳血管疾患の発症要因となる動脈硬化や,糖尿病の予防・改善にも,有酸素運動の効果は証明されています.ただし,その効果を得るためには,ある程度長い時間の運動を必要とします.多忙を極める現代人にとっては,この時間の確保が困難であり,実行の妨げとなっているようにも思われます.

### ●インターバル運動の特徴

　インターバル運動の特徴は,運動と運動の間に休息時間を挟むことであり,それゆえに持続的運動と同じ運動強度であれば,長時間運動を続けることができ,総運動時間が同じであれば,より高い運動強度で実施することができます.このことは,トレーニング効果がトレーニング強度に強く依存することを鑑みた場合,インターバル運動の大きなアドバンテージといって良いでしょう.ただし,休息時間が長すぎれば,トレーニング刺激も薄まってしまうので,適切な強度,運動時間,休息時間,反復時間の組み合わせを見つけることが重要です.

### ●持続的運動 vs インターバル運動

　高強度インターバルトレーニングは,無酸素性エネルギー供給能力である最大酸素借や高強度運動パフォーマンスを向上させるだけでなく,持続的運動よ

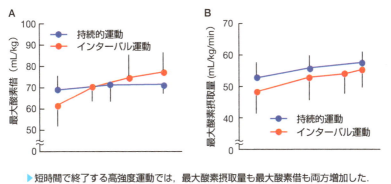

**図　持続的運動トレーニングと高強度インターバル運動トレーニングが最大酸素借（A）と最大酸素摂取量（B）に及ぼす影響**

▶短時間で終了する高強度運動では，最大酸素摂取量も最大酸素借も両方増加した．

(Tabataら，1996より筆者改図)

りも運動量（時間）が少ないにもかかわらず，最大酸素摂取量までも向上させることが報告されています（図）．また，近年，メタボリックシンドロームの危険因子を改善させうることもわかってきました．それゆえ，さまざまな効果をもたらす時間効率の良いトレーニング法として，世界中で注目を浴びています．

しかしながら，多くの科学的エビデンスがそろっているとはいえ，高強度で運動を実施するインターバルトレーニングは，心血管系，筋肉，関節等への負担が大きいことは否定できません．したがって，高齢者や成長期の子供に対しても同様に処方してよいかと問われた場合，筆者個人の意見としては，必ずしも肯定的というわけではありません．また，成長期に持久的な運動を実施し，心臓を大きくすることは，その後の有酸素性能力の増大に有利であることが推察されますが，スポーツ心臓として認められる左心室の肥大は，短時間の高強度運動では必ずしも認められません．一方，同じ強度で運動した時の心拍数の低下（おそらくは一回拍出量の増大に起因）は，トレーニング量に依存することが報告されており，骨格の成長が止まるまでの成長期の子供や高齢者は，持続的運動のほうが安全かつ有効といえるかもしれません．

### まとめ

◆高強度インターバル運動は，有酸素性・無酸素性エネルギー供給能力を効果的に向上させ，メタボリックシンドロームの危険因子すら改善させうる，非常に時間効率の良いトレーニング方法である．

◆からだへの負担も大きい高強度インターバル運動は，安全性を考慮し，対象者によって低・中強度の持続的運動との使い分けが必要である．

chapter 1　sportsscience 1.05　持久力・エアロビックトレーニング　解説●鍋倉賢治

# ジョギング・LSDにはどのような効果があるのか？

　ジョギングは「ゆっくり走る」ことであり，乳酸性作業閾値（LT）を超えない低強度で行われます．また LSD（Long Slow Distance）は，語源のとおりジョギングの速度かそれよりもさらに遅い速度で「ゆっくり長く走り続ける」ことを指します．陸上競技の長距離走やマラソンランナーにとって LSD は 2 時間以上に及ぶこともあります．ここでは，ジョギングを LT 以下で行う 20 ～ 40 分程度の運動とし，1 時間を超える場合，LSD と定義したいと思います．

　ジョギングや LSD では，必要なエネルギーは有酸素性機構によって賄われ，乳酸が過剰に生成されることなく運動を楽に続けることが可能です．このような運動強度の観点から，さまざまな効果があります（図）．

●**体力面**

　持久性体力の指標である最大酸素摂取量は，心機能，呼吸機能，筋機能，血液性状など多くの要因に規定されます．ジョギングや LSD のように長時間運動では，多くの有酸素性エネルギーを必要とするため，ミトコンドリアの機能改善，脂質代謝能力を高めることが期待できます．LT 以下とは言え，ジョギング時の運動強度は，最大酸素摂取量の 40 ～ 70％程度になるため，心臓の一回拍出量は最大程度まで増加し，心容積を大きくするような負荷（容量負荷）を心臓に課します．その他，呼吸機能の改善，筋の毛細血管の発達などの相乗効果もあり，特に一般の人の場合，30 分程度のジョギングを週に数回（2 ～ 5 回），それを数週間続けることで，最大酸素摂取量が顕著に向上することが多くの先行研究によって明らかとなっています．したがって，これから運動を始める人や休養期からトレーニングを再開する場合など，ジョギングは持久力・有酸素性能力を高めるための基礎的なトレーニングになります．

●**健康面と精神面**

　健康面では，脂質代謝を促進し，肥満の予防・改善，血管弾性の改善による動脈硬化のリスク軽減，免疫機能の向上などさまざまな報告がなされ，疫学的な調査によって長年のジョギング習慣が，長寿をもたらすことが明らかとなっています．精神面では，生活の充実など，QOL を高めることが期待されています．さらに近年，ジョギング程度の軽運動が，認知機能に関連する海馬の神経再生にとっても有効な運動となりうることが証明されてきています．

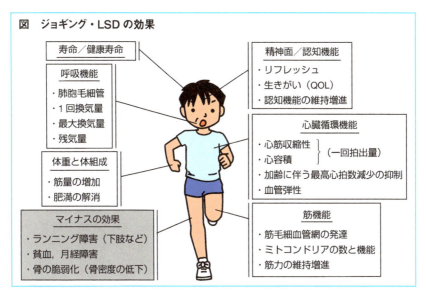

図 ジョギング・LSDの効果

● 注意点

　一方，強度が低いとはいえ，無理な走り込みや極端なLSDによるマイナス面も見逃してはいけません．先に挙げた疫学研究では，最も長寿が期待されるのは，週に合計で60〜150分程度のジョギングであり，これ以上走り過ぎると効果が小さくなると指摘しています．ジョギングもLSDも運動強度は軽いため，ついつい毎日のように実施してしまいがちです．繰り返し長い距離を走り込むことは，下肢を中心としたランニング障害の惹起，走らないとイライラするようなランニングアディクションなど，悪影響も懸念されています．実際に経験年数の長いランナーほど，下肢を中心とした障害に悩まされている事例も報告されています．また女性アスリートの場合，月経異常を惹起したり，貧血，骨粗鬆症を誘発したり，さまざまな問題が懸念されています．したがって，ジョギングといえども心身の回復を見込みながら，適切な頻度でトレーニングすることが望まれます．また，1回に走る時間が1時間を超えるようなLSDは，アスリートやマラソンレースなどにチャレンジする時に限って行い，一般の人が健康の維持増進を目的とする場合は，30〜40分程度のジョギングにとどめたほうが賢明と言えるでしょう．

> まとめ
>
> ◆ジョギング・LSDは有酸素性能力などの体力の向上，生活習慣病のリスクの軽減，QOLの向上などの効果がある．
> ◆低強度の運動ではあるが，やりすぎると障害などのリスクもある．

chapter 1 | sportsscience 1.06 | 持久力・エアロビックトレーニング | 解説●鍋倉賢治

# 持久力トレーニングには，LSDなどの他にどのようなものがあるのか？

　最大酸素摂取量を高めるために，伝統的に行われてきたトレーニング手段の一つがLSDです．長く走ることによってエネルギー源である筋グリコーゲンの枯渇，それに伴う適応過程がLSDトレーニングの肝といえます．その後，コーチやアスリートの創意工夫，スポーツ科学の発達に伴いトレーニングの効率化や持久力以外の体力要因の改善を期待して，さまざまな持久性トレーニング法が提案されてきました（表）．

●インターバル走

　古くは，チェコのザトペック選手が始めたとされるインターバル走があります．LSDのように低強度ではなく，レース速度にまで高めた走運動（急走）を，ゆっくり走る緩走や休息を挟んで繰り返しました．ザトペック選手の行ったインターバル走は，例えば400mを25本や50本繰り返し，合計するとレース距離かそれ以上の長距離を走っていました．その後，繰り返しの本数を少なくし，その代わり走速度を高めるような工夫がなされ，インターバル走は持久性トレーニングの手段として，スポーツ界に急速に普及しました．急走の距離（時間），緩走（休息）の距離（時間），繰り返す本数などを変えることによって400m〜フルマラソンの陸上競技選手はもちろん，運動様式を変えれば競泳や球技選手に至るまで，無限のトレーニング法があると言えるでしょう．

●高地トレーニング

　次いで注目されたのが，現在，世界の陸上長距離界をリードしている高地民族である東アフリカ選手の台頭を契機とした高地トレーニングです．長期間の滞在型の高地トレーニング，高地で滞在（生活）し，トレーニングは低地で行う「Training-Low Living-High」法，2〜3日程度の短期の高地トレーニング，人工気象室を活用した低酸素／低圧トレーニングなど，さまざまな方法が提案され，その効果や留意点が検証されてきました（p.45参照）．

●超高強度インターバルトレーニング

　1990年代以降，超高強度のインターバルトレーニングによって，持久性能力が改善されることが証明されてきました．極めて短時間（10〜30秒程度）

表 持久性トレーニングの方法

| トレーニング法 | 目的・狙い | 主な方法 | デメリット（リスク） |
|---|---|---|---|
| LSD | LT向上，脂質代謝の亢進 | 時間走，マラニックなど | ・長時間を要す<br>・走の経済性の低下<br>・過負荷のリスク |
| インターバル走 | $\dot{V}O_2max$，LTの向上 | 急走，緩走，繰り返し本数で決定<br>急走：200 m〜1 km<br>緩走：30秒〜数分（距離）<br>本数：数本〜数10本 | ・方法論が無限にあり，目的と方法の合致に難<br>・強度が強い |
|  |  | 野外走，ヒルトレーニング，クロスカントリー走 |  |
| 高地トレーニング | $\dot{V}O_2max$，LTの向上 | 高地滞在・トレーニング型<br>高地生活・トレーニング低地型<br>人工気象室など | ・強度の維持<br>・体調管理<br>・実施場所が限られる |
| HIIT/SIT | $\dot{V}O_2max$，無酸素性能力の向上 | 20秒（10秒休息）全力×8<br>30秒×5 | ・強度が強く，量が増えない<br>・全面性の観点で難 |
| 朝練習 | 脂質代謝能力の亢進，減量 | 朝食前の練習 | ・強度を高めることが困難<br>・意欲の低下 |
| トレーニング／休息 | 脂質代謝能力の向上 | 休息を挟み，1日おきに強い（強度，量）トレーニングを実施 | ・過負荷と休息のバランスのとり方が難しい |
| クロストレーニング | 障害などのリスク回避 | 自転車，スイム，ウェイトトレーニング，ランニングなどの混合 | ・不要な筋肥大<br>・過負荷のリスク |

の全力運動（120〜170% $\dot{V}O_2max$）を5〜8本程度繰り返すような，HIIT（High Intensity Interval Training）やSIT（Sprint Interval Training）などと呼ばれるトレーニングです．これらのトレーニングは，伝統的なLSDや持続走トレーニングと同程度に最大酸素摂取量を高め，さらに無酸素性エネルギー代謝能力も同時に向上することが明らかにされ，時間的効率やトレーニング量の増加による障害リスクの軽減などの側面から，注目を集めています．

● トレーニング処方の工夫

しかしながら，アスリートの場合，同じトレーニング内容を毎日繰り返すということは現実的ではありません．近年，トレーニングの組み合わせや時間帯など，トレーニング処方の効果を検証する研究も増えてきました．例えば，「毎日休まずトレーニングを繰り返した場合」と，「休息を1日挟み，その代わり1回のトレーニング量を2倍にして継続した場合」のトレーニング効果が比較されています．1週間のトレーニング量は同じになりますが，1日おきに2倍

トレーニングを行ったほうが，脂質代謝能力の亢進，安静時貯蔵グリコーゲンレベルの増大，持久性パフォーマンスの向上など持久性能力に対する効果は高い可能性が指摘されています．このメカニズムもまた，筋グリコーゲンの枯渇とそれに伴う脂質代謝亢進の適応によって説明されています．

また，多くのアスリートが通常行っているさまざまな運動強度を混在させたトレーニング処方の報告や検討もされています．例えば，シドニー五輪の自転車団体追い抜きで優勝したドイツチームは，LT以下の低強度運動と血中乳酸濃度が 10 mmol/L にも達する超高強度の運動を主に行い，レースペースに近い OBLA 強度付近のトレーニングをほとんど行っていなかったことが報告されています．ケニア人ランナーのトレーニング分析でも，高強度トレーニングを取り入れている群のほうが，LT付近の持久走を主に行っていた群よりもパフォーマンスが高かったことが報告されています．これらの報告は中強度のレースペース付近の運動よりも，高強度の運動と低強度の運動を組み合わせることで，ターゲットとなる中強度のパフォーマンスが向上する可能性を示唆しています．その他には，専門種目以外の運動をトレーニングに導入するクロストレーニングの有効性なども検証されています．

トレーニングの時間帯に着目すると，一晩絶食時間を挟む朝練習（朝食前の練習）も，体内の貯蔵グリコーゲン量が減った状態でのトレーニングであり，持久性トレーニングの効果は高いと言えます．朝練習の詳細については，別途コラム（p.15）にて記載しています．

> **まとめ**
> ◆持久力を高めるトレーニング法として，LSDなどの持続走のほかにインターバル走，高地トレーニングなどがある．
> ◆近年，高強度で短時間のインターバルトレーニングによって，無酸素性能力だけでなく，最大酸素摂取量などの有酸素性能力が高まる可能性が指摘されている．

| column | 朝練習は持久力改善に効果があるのか？ |

●エネルギー代謝の側面を考える

　私たち人類を含め動物は，食事摂取によって体内にエネルギーを取りこみ，運動を含むさまざまな活動によってエネルギーを消費しています．これによって体内に貯蔵された糖質の状態（貯蔵グリコーゲンレベル：エネルギーバランス）は時間経過，行動パターンによって絶えず変化します（図）．

　通常の生活を送っている場合，朝食前は1日の中で最も長い絶食後の時間帯となり，からだは貯蔵グリコーゲンレベルが低下している状態となります．この時間帯に運動する朝練習では，食後3～4時間が経過した午後や午前の練習に比べて，同じ速度で走っても脂質代謝がより亢進することが明らかとなっています．脂質代謝を高めることができれば，運動時の脂質利用能力の改善など持久力に関わる能力が高まります．もともと長距離ランナーには，早朝練習を行う習慣のある人が多いのですが，これはエネルギー代謝の側面から見て非常に有効だと言えます．

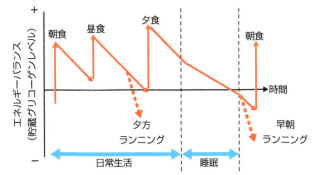

図　エネルギーバランスと運動のタイミング（早朝と夕方）の関係（模式図）

食事：貯蔵エネルギーが増える（エネルギーバランス：＋）
日常生活：エネルギーが徐々に使われ，貯蔵エネルギーが減少（エネルギーバランス：−）
睡眠：エネルギーの使われ方が日常生活より小さい（エネルギーバランス：−）
運動：エネルギーの使われ方が大きい（エネルギーバランス：−）
▶朝食前は，1日の中で最長の絶食時間後の時間帯となり，夕方に比べエネルギーバランスが低い状態である．

● 肥満の予防にも？

　また，運動量と食事の量を統一して1日（24時間）のエネルギー代謝量を比較した場合，朝に運動した日は，その他の時間帯に運動する日よりもエネルギー源として使われる脂質が大きく（反対に糖質は少なく）なることが明らかとなっています．このことは余分な体脂肪の減量につながり，肥満の予防として一般の人にも利用できるのではないでしょうか．ただし，早朝の空腹時には，血糖（血液中のグルコース）が低いため運動意欲が低かったり，体温が低いなどの問題もあります．同時に睡眠中の発汗作用によって，体水分量も減っています．したがって，すべての運動にとって朝練習が勧められるわけではありません．持久力の向上や減量を目的とした場合であっても，いきなり頑張るのではなく，少しずつ朝の運動に慣れていくのが良いのではないでしょうか．

　朝食前でなくても，昼食をとらないで夕方に空腹状態で行う運動でも同様の効果が期待されます．しかし，早朝時よりも脂質代謝は亢進せず，これには絶食時間以外の要因（例えば日内変動など）が関与しているものと考えられます．

解説　鍋倉賢治

## column　800mランナーには無酸素性の能力が必要なのか？

　800mを全力で走る時には有酸素性エネルギーだけではなく，無酸素性エネルギーも利用します．図Bは，男子大学生ランナーの800m走中の走速度の変化を示しています．スタート直後の加速局面の後，100〜200mで最高走速度に達し，その後徐々にペースは低下しています．この速度変化は，一般的にみられる800mレース時のレースパターンです．その際の酸素摂取量を測ると図Aのようになります．スタートから200m地点付近まで走速度（運動強度）は高いのに，酸素摂取量は上がりきっておらず，有酸素性エネルギーが不足していることがわかります．このとき運動に必要なエネルギーの大部分を無酸素性代謝によって賄っていることになります．さまざまな研究によって800m走中のエネルギー供給は，おおよそ有酸素性機構から60〜70%，無酸素性機構から40〜30%程度を分担していることが分かっています．

　一般に，2〜4分程度の全力運動では，無酸素性エネルギーのほとんどを使い切る（出し切る），すなわち最大限に利用しています．そのため，2分前後で終了する800m走では，無酸素性エネルギー代謝能力が高いほど，加速局面〜200m付近までの走速度を高めることが可能となります．しかし，200m以降の走速度を維持するためのエネルギーの大部分は，有酸素性エネルギー代謝によるため，800m走で最も重要な能力は，やはり最大酸素摂取量などの有酸素性能力です．したがって，800〜1500mの中距離走で高いパフォーマンスを発揮するためには，有酸素性と無酸素性のいずれのエネルギー代謝能力も要求され，両能力の高いことが一流中距離ランナーの体力的な特徴といえるでしょう．同様のエネルギー代謝の特徴は，数分程度で全力を発揮する競泳種目やボート・カヌー競技，球技種目などにも当てはまります．

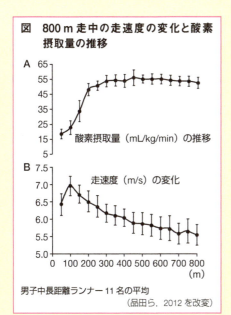

図　800m走中の走速度の変化と酸素摂取量の推移

男子中長距離ランナー11名の平均
（品田ら，2012を改変）

解説　鍋倉賢治

chapter 1 | sportsscience 1.07 | 筋力トレーニング | 解説●谷本道哉

# 最も効果の高い筋トレの負荷,回数,頻度は?

## ●基本は10回オールアウト

　筋肉は太く肥大するほど発揮筋力が高くなります.また,その結果として発揮できるスピードも高まります.筋トレ(筋力トレーニング)とは筋肉に負荷をかけて,その適応として筋肉を太く肥大させることを主目的に行う運動です.筋トレのテクニックはさまざまありますが,効果的とされる標準的な条件は以下の通りとなります.

**強度**:負荷強度・反復回数と得られる効果の関係は図1に示す通りとされます.筋肉の基本性能を本質的に上げるには筋肥大を伴う筋力増強をねらった「10回程度を反復できる負荷強度(重量)で限界まで行う方法」が理想的です.10回程度の回数で筋肉をオールアウト(完全疲労)させる方法です.

**量**:セット数は1セットのオールアウトでも,筋肥大・筋力増強の十分な効果を得ることは可能です.さらなる筋肥大・筋力増強効果を得るには2〜3セットの実行がより効果を高めることが報告されています(Sooneste ら,2013).

**頻度**:実施するトレーニングの強度・量によって変わりますが,一般的な手法では同じ筋肉に対して2〜3回/週が最も効果が高くなります(Pollockら,1993).筋トレ後の筋肉の機能回復のために中1〜2日休息をとる必要があります.

## ●筋肥大が起こる理由

　筋肥大は筋トレで受けた刺激・ストレスに対する適応として起こります.運動で受けたストレスに耐えられるように,もっと大きく強くなろうとするのです.筋肥大の適応を誘発する刺激は大まかには,大きな張力負荷,筋の微細な損傷といった「力学的ストレス」と,筋内の代謝物の蓄積,酸素濃度の低下といった「化学的ストレス」の2つがあると考えられています(図2).

　やや乱暴な言い方ですが,筋トレとは「"力学的ストレス"と"化学的ストレス"の2つを与えることで筋肥大という適応を起こさせる作業」と考えるとさまざまな筋トレのテクニックを理解しやすくなります.標準的な筋トレ法の10回オールアウトは,この2つの両方を適度に与えられる方法といえそうです.

## ●10回オールアウト以外のさまざまな筋トレテクニック

　筋トレには10回オールアウト以外にもさまざまなテクニックがあります.

## 図1　筋トレの負荷と効果の関係

負荷強度と効果の指標一覧

| 負荷強度 (% 1RM) | RM* | 主たる効果 |
|---|---|---|
| 100 | 1 | 筋力増強 |
| 95 | 2 | |
| 93 | 3 | |
| 90 | 4 | |
| 87 | 5 | 筋肥大 |
| 85 | 6 | |
| 80 | 8 | |
| 77 | 9 | |
| 75 | 10〜12 | |
| 70 | 12〜15 | |
| 67 | 15〜18 | |
| 65 | 18〜20 | 筋持久力 |
| 60 | 20〜25 | |
| 50 | 〜30 | |

＊RM：Repetition Maximum．反復できる最大回数を意味する．
例：10RM は 10 回オールアウトのこと．

（Fleck と Kraemer，1987 より改変）

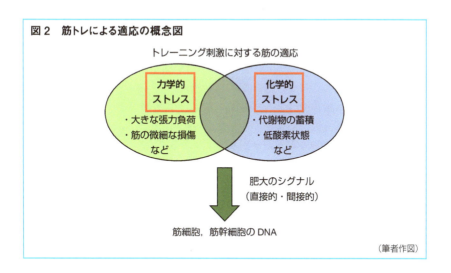

## 図2　筋トレによる適応の概念図

トレーニング刺激に対する筋の適応

力学的ストレス
・大きな張力負荷
・筋の微細な損傷
など

化学的ストレス
・代謝物の蓄積
・低酸素状態
など

肥大のシグナル
（直接的・間接的）

筋細胞，筋幹細胞の DNA

（筆者作図）

上げられないほどの高重量を用いて，下ろす動作に強い負荷をかけるエキセントリックトレーニングや，反動を用いて高重量を上げるチーティング法などは「力学的ストレス」を優先した方法．比較的軽負荷を用いてゆっくりした動作で行うスロートレーニングや軽めの負荷で 20〜30 回反復するハイレップ法な

どは「化学的ストレス」を優先した方法と解釈できます．

10回オールアウトが基本となりますが，より力学的ストレスを，または化学的ストレスを重視するさまざまなアレンジが可能となるわけです．アレンジがあることでトレーニングの刺激に変化をつけられますし，このアレンジの使い分けは運動指導者の腕の見せ所にもなります．

●腹筋は遅筋だから高回数で鍛えるべき？

「腹筋は持久力の高い遅筋の多い筋肉だから高回数を行って鍛えるべきだ」，と言われることがよくあります．そう言われて何百回もの腹筋運動を部活で行った人も多いのではないでしょうか？

腹筋群はおなかの正面の腹直筋，脇腹の内・外腹斜筋からなりますが，これらの筋肉の速筋と遅筋の割合は実際には5：5程度であり，他の筋肉に比べて遅筋が多いということはありません（Jhonsonら，1973）．特に持久力の高い筋肉ではないのです．

腹筋運動が何十回，何百回とできるのは，単に自重負荷では負荷が小さいからであって，腹筋が持久力の高い筋肉だからではありません．腹筋の筋トレも他の部位と同様に，やはり10回オールアウトが基本となります．負荷が足りない場合はおもりや傾斜を利用すると良いでしょう．何十回も何百回も行う方法は時間も労力もかかり，効率的ではありません．

●競技動作に負荷をかける筋トレ種目がない理由

ベンチプレスなどの筋トレ種目は，「安定した姿勢で大きな負荷を筋肉にかけられ」，かつ「関節等に無理な負担がかかりにくい」フォームで行われます．筋肥大を促す効果的な刺激を安全にかけるためのフォームです．

ボールを投げる動きやパンチを打つ動きに負荷をかけるようなやり方は通常の筋トレで行いません．姿勢が不安定なため筋肉に大きな負荷をかけにくく，肘や肩など関節に無理な負担がかかりやすいからです．筋トレ効果が下がり，けがのリスクが高くなってしまうのです．

動きのトレーニングは競技練習で行います．筋トレに動きの要素を求めることで，筋トレ本来の目的である筋肥大・筋力増強効果が減じてはいけません．

> **まとめ**
> ◆筋トレは10回オールアウトが効果の高い基本の方法とされる．
> ◆この基本を軸としてさまざまな刺激を与えるアレンジのテクニックがある．
> ◆100回以上行う腹筋運動のような基本から大きく外れる方法は，筋肥大・筋力増強の目的に対して効率が良くない．

# 体幹トレーニングって何?

chapter 1 | sports science **1.08** | 筋力トレーニング | 解説●谷本道哉

## ●手足の土台となる体幹の安定性

多くの競技動作,日常動作は全身を使って行いますが,その力学的エネルギーの発生源の大半は上肢・下肢(腕と脚)の関節運動によります.運動のメインとなるのは上・下肢の動きであり体幹ではありません.

では,体幹がなぜ重要かというと,体幹はそのメインの上・下肢の動きの「土台」をなしています.この土台をしっかりと固定・安定させることは,上下肢の動きを存分に行ううえで重要となるのです.

手足を動かす運動課題では,四肢の動きに先行して腹筋群などの体幹の筋群の筋活動が起こることが観察されています(Hodgesら,1997:図1).四肢を動かす運動では,まず「土台の体幹を固定して安定させている」と解釈できます.

## ●体幹を固める体幹トレーニング

腕立て伏せのような姿勢でじっと耐えるフロントブリッジ(プランク)や,横を向いた姿勢で行うサイドブリッジなどが体幹トレーニングとしてよく行わ

### 図1 四肢の土台をなす体幹

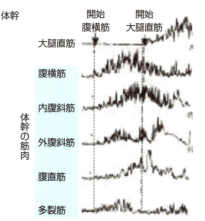

▶体幹は四肢の土台部分をなしている.四肢を動かす運動課題を与えると,体幹の筋群が四肢の筋に先行して筋活動を起こす様子が観察される.四肢の動作の前に土台の体幹を固めているものと考えられる.

(Hodgesら,1997より)

れます．体幹の固定を強調しながらさまざまな姿勢で静止する方法です．バランスの要素を含んだ種目もあります（図2）．

前述の四肢の土台である体幹の固定・安定が重要であるという考えから，2005年あたりからこのような体幹トレーニングが爆発的に広がりました．アメリカのアスリーツパフォーマンスという指導団体が発信源と言われています．

● **体幹トレーニングの位置づけ**

体幹トレーニングは，いろいろな姿勢や動きの中で「体幹を固定させる練習をする」トレーニングです．体幹を上手にガチッと固める感覚を身に着けます．

体幹筋群の筋力強化の意味合いもありますが，その効果はあまり高くはありません．体幹筋群の強化を狙うなら，動きを伴わない体幹トレーニングよりも，負荷をかけたシットアップやバックエクステンションなどの，通常の筋力トレーニングを行うほうが効率的で効果も高くなります．

また，当然ですが，さまざまな運動の主要素となる四肢の関節運動の強化にはなりません．体幹トレーニングだけに多くの効果を見込むことはできません．その位置づけを理解して全体のメニューの一部として取り入れる必要があります．

**図2　体幹トレーニングの例**

▶さまざまな向きの負荷に対して体幹を固定させて耐えるタイプのものがよく行われる．バランス要素を含んだ種目もある．

● **腕立て伏せやスクワットも体幹トレーニング？**

　動きの中で体幹の固定を強調する運動は，体幹トレーニングでなくても行えます．例えば，「腕立て伏せを行っている間はずっとフロントブリッジ（プランク）の姿勢を維持」しています．体幹をしっかり固定させつつ動作することを意識して腕立て伏せを行えば，同時にフロントブリッジを行えていることになります．

　スクワットを体幹の姿勢の安定性を意識しながら行えば，そこには体幹トレーニングの要素が含まれることになります．通常の筋トレ種目には負荷に対して体幹を固定させる必要のある種目がいくつもあります．それらの種目を体幹の固定を意識して安定した動作を行うようにすれば，それは体幹トレーニングの要素を含んだ種目になるといえます[※]．

　※図2のような体幹トレーニングは，体幹の固定をより意識しやすい手技でありもちろん意義があります．これらが不要ということではありません．

● **バランスボールで体幹強化？**

　通常の筋力トレーニングをバランスボール上で行う場合，不安定な状態での姿勢維持のため体幹筋群の筋活動が高まります．一種の体幹トレーニングになると言えます．ただし，これを体幹筋群の強化と考えるのは正しくありません．

　例えば，ベンチプレスをバランスボール上で行った場合，同じ重さで行う通常のベンチプレスの1.5倍ほど体幹筋群の筋活動が高まります．ただし，これは全力の筋活動の4.7％から7.4％に上がるという低いレベルでの比較です．全力の数％のレベルで1.5倍になったところで，強化と呼ぶにはほど遠いのです．

　しかも，バランスボール上では扱える重量が下がりますので，ベンチプレス自体の効果は減じます．アンバランスで危険でもあります．

　体幹を安定させて動作する技能が上がる可能性はありますが，筋肥大・筋力増強という筋トレ本来の効果が減じること，体幹筋群の強化という要素は非常に小さいこと，を理解したうえで取り入れるべきでしょう．

> **まとめ**
> ◆身体動作の主要な動きは四肢の関節動作によるものであるが，その土台をなす体幹をしっかり固めて安定した足場を作ることが重要とされる．
> ◆プランクなどの体幹トレーニングは，体幹を固める練習としての意義がある．体幹の筋群を鍛えて強くする効果は高くない．

chapter 1 | sportsscience 1.09 | 筋力トレーニング | 解説●谷本道哉

# インナーマッスルは軽負荷でなければ鍛えられないって本当?

● 「インナーマッスルは軽負荷で」は都市伝説

　インナーマッスルは軽負荷でなければ鍛えられないという話をよく耳にします．高負荷ではアウターマッスルの運動になってしまい，インナーが使われなくなるというのです．このような理屈は生理学的に考えにくいですし，実際に筋電図で調べた研究でも，そういった現象は観察されません．

　肩関節のインナーマッスルである棘下筋は，その上を覆う筋肉がなく表層に露出している部分があります．この棘下筋に表面筋電図を貼って調べると，インナーの棘下筋も同じ動きにかかわるアウターの三角筋後部も，どちらも「負荷強度の増加に伴い筋活動レベルが増加」する様子が観察されます（図1）．

　筋力強化のトレーニングとして行うなら，インナーの筋肉でもしっかりと負荷をかける方法が適していることはこのグラフから自明です\*．

　　\*軽い負荷で行う方法には筋肉を軽く動かしてほぐすコンディショニングや，動きを覚えるドリルとしての意義はあります．筋力強化には適さないということです．

● インナーマッスルとは何か?

　「インナーマッスル」という言葉が一般に使われるようになったのは，1990年ごろに野球選手の肩のコンディショニングとして肩関節にある4つの筋肉からなるローテーター・カフ（回旋筋腱板：棘上・棘下・小円・肩甲下筋）に注目が集まってからだといわれます．ローテーター・カフには，主に上腕骨の骨頭を肩甲骨の関節窩に引きつけて，肩関節が外れないように安定させる「関節スタビリティ」の働きがあります．

　ローテーター・カフは外から見えない深部に位置します．中にある筋肉という意味でインナーマッスルと呼ぶようになったのでしょう．

● 関節スタビリティのインナーと関節モビリティのアウター

　ローテーター・カフが関節スタビリティ作用を持つ理由は，関節の回転中心と筋肉の付着位置との距離が近い，つまり関節を動かすテコが短いからです．テコが短いため関節を支点まわりに回転運動を行わせる「関節モビリティ」の要素が弱くなり，骨と骨を引き付けて関節の回転軸を安定させる「関節スタビ

### 図1 インナーマッスルの負荷強度と筋活動レベルの関係

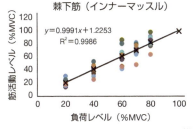
棘下筋（インナーマッスル）
$y=0.9991x+1.2253$
$R^2=0.9986$

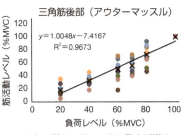
三角筋後部（アウターマッスル）
$y=1.0048x-7.4167$
$R^2=0.9673$

▶インナーマッスルもアウターマッスルと同様に負荷強度の増大に従って筋活動度が増す．
%MVC：最大発揮筋力に対する割合

（谷本ら，2015より）

### 図2 テコが小さいインナーマッスル

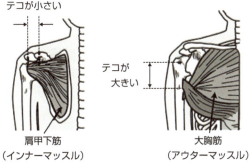

肩甲下筋（インナーマッスル）　　大胸筋（アウターマッスル）

▶インナーマッスルには関節の回転軸と筋の付着部の距離が近い（テコが小さい）ものが多く，アウターにはテコが大きいものが多い．

---

リティ」の要素が強くなるのです．

　深部に位置するインナーはテコが短い，つまり関節スタビリティの要素が強い傾向にあります．反対に表層に位置するアウターマッスルはテコが長く，関節モビリティの要素が強いという特徴があります（図2）．

　関節スタビリティの働きの必要性が高い部位は，動作の自由度が高い肩関節・股関節・脊柱の関節です．これらの部位に関節スタビリティ作用の強いインナーマッスルがあります．肩関節のローテーター・カフ，股関節の深層外旋六筋（梨状筋，内閉鎖筋，外閉鎖筋，上双子筋，下双子筋，大腿方形筋），脊柱の多裂筋などがあります．

● **アウターマッスルは使えない筋肉？　インナーマッスルが使える筋肉？**

　身体運動は骨を関節周りに回転させることによって起こりますが，この回転

運動を起こすのはアウターマッスルの関節モビリティの役割です．その回転運動をする際の回転軸の支点を固定させるのがインナーマッスルの関節スタビリティの役割です．

運動パフォーマンスには，何よりもアウターの関節モビリティの能力が必要ですが，関節スタビリティが弱ければ，関節モビリティの能力を十分に引き出せなくなる可能性があります．関節周りの傷害のリスクが上がることも考えられます．アウターのモビリティだけでなく，インナーのスタビリティも重要なのです．

しかし，極端にインナーマッスルを重視し，「アウターは使えない，インナーこそ大事」といった認識をされている人も多いようです．これはそれぞれの役割を明確に整理できていないことが原因に思われます．「インナー・アウター」といった場所による分類ではなく，「モビリティ・スタビリティ」のような役割から理解する必要があるでしょう．

## ●インナー強化のためのトレーニング法

関節スタビリティの作用の強いインナーマッスルにも，関節モビリティの要素があります．肩関節のローテーター・カフの多くは上腕を外にひねる作用（肩関節外旋），股関節の深層外旋六筋は大腿を外にひねる作用（股関節外旋），脊柱の多裂筋は体幹を後方や側方に曲げる作用（体幹伸展・側屈）があります．

つまりこれらの動作方向に負荷のかかる筋トレ種目を行っていれば，意図せずとも同時にインナーも鍛えられることになります．肩周りはサイドレイズやアップライトローイング（図3）などの上腕を外にひねる力のかかる種目，股関節周りはランジなどの片脚で行う種目，脊柱回りはバックエクステンションなどの通常の背筋群の種目を行えば鍛えられます．インナー強化のための特別なトレーニングを行わなくても鍛えられるわけです．

図3　アップライトローイング

### まとめ

◆インナーマッスルは軽負荷でなければ鍛えられないという事実はない．
◆インナーマッスルには主に関節の回転軸を安定させる作用があるものが多い．
◆肩・股関節・体幹周りのさまざまな筋トレ種目を行っていれば，インナーマッスルはその際に同時に鍛えられている．

chapter 1　sportsscience **1.10**　筋肉痛　解説●野坂和則

# 遅発性筋肉痛はなぜ起こる？

●**遅発性筋肉痛とは？**

　運動後数時間から1日くらい経過してから発症する筋肉痛を，遅発性筋肉痛（英語では Delayed Onset Muscle Soreness：DOMS）と呼びます．遅発性筋肉痛は，不慣れな運動や，前回の同様な運動実施から長い時間を経過して行った運動の後に生じます．遅発性筋肉痛は自発痛ではなく，弱い痛み刺激に対して正常より強く痛みを感じる「痛覚過敏」です．通常は筋肉を圧迫，ストレッチ，収縮しても痛みはほとんど生じませんが，これらの刺激によって痛みが誘発されるのが遅発性筋肉痛です．遅発性筋肉痛は，筋損傷の兆候の一つであり，他の兆候には，運動後1日以上にわたる筋機能（最大筋力，パワー，筋持久力など）の低下，筋の腫れやこわばりがあります．これらは，炎症の典型的な兆候（痛み，機能低下，腫れ，発熱，発赤）と考えられます．

●**筋の収縮様式と遅発性筋肉痛**

　筋の収縮様式は，筋の発揮筋力と筋への負荷との関係から，等尺性（アイソメトリック）収縮（力＝負荷），短縮性（コンセントリック）収縮（力＞負荷），伸張性（エクセントリック）収縮（力＜負荷）に分けられます（図1）．遅発性筋肉痛を引き起こす運動には，必ず，伸張性収縮，あるいは筋が引き伸ばされた状態での等尺性収縮が含まれています．短縮性収縮のみからなる運動では，遅発性筋肉痛はほとんど起こりません．例えば，長い階段を歩いて上っていく時には，膝を伸ばす筋群は主に短縮性収縮を繰り返すのに対し，階段を下っていく時には，主に伸張性収縮が繰り返されます．遅発性筋肉痛は，階段を下った翌日には生じますが，階段を上った翌日にはほとんど生じません．かつては，遅発性筋肉痛の要因として乳酸があげられたこともありますが，遅発性筋肉痛

**図1　筋肉が発揮する力と筋肉にかかる負荷との関係からみた筋収縮様式**

筋収縮のタイプ

筋力　　骨格筋　　筋力
負荷　　　　　　　負荷

アイソメトリック（等尺性）：筋力＝負荷
コンセントリック（短縮性）：筋力＞負荷
エキセントリック（伸張性）：筋力＜負荷

が生じる時点では，運動中に産生された乳酸は代謝されており，また，乳酸が産生しやすい短縮性収縮が主な運動（例えば階段上り）よりも乳酸産生が少ない伸張性収縮を伴う運動（例えば階段下り）で遅発性筋肉痛が発症することからも，乳酸の関与はないといえます．

● **筋の組織学的な変化と遅発性筋肉痛**

伸張性収縮を伴う運動後の筋線維を電子顕微鏡でみると，筋原線維のレベルでの形態的変化（例えば，Z帯（Z膜）構造の乱れ p.161 参照）が観察されます．炎症性の細胞が浸潤していたり，壊死した筋線維がごく稀に観察されることもありますが，筋線維レベルでの損傷は遅発性筋肉痛とは直接関係がないようです．例えば，筋線維の損傷が全く観察されない状態でも，激しい遅発性筋肉痛があることが報告されています．しかし，伸張性収縮後の筋線維を取り巻く結合組織（筋内膜，筋周膜）には炎症性の細胞が多数見られることから，結合組織の炎症が遅発性筋肉痛の原因だとする説が最近有力になっています．筋肉痛が遅れて出るのは，炎症反応に時間を要するためだと考えられます．

● **遅発性筋肉痛のメカニズム**

近年，次のような機序が遅発性筋肉痛を引き起こすことがわかってきました．1) 伸張性収縮を伴う運動によって筋周膜や筋内膜，場合によっては筋外膜が損傷，炎症し，それらに位置する血管からブラジキニンという物質が放出される．2) ブラジキニンがその受容器に作用すると神経成長因子，神経栄養因子が産生される．3) これらの因子は，それぞれC線維，Aδ線維という感覚神経にも作用し，痛み刺激（たとえば圧，ストレッチ）に対する感受性を高める．4) このような状況で，筋肉が刺激されると，痛みの受容器であるC線維，Aδ線維を介して信号が脳に伝わり痛みを感じる．

● **遅発性筋肉痛と他の筋損傷指標との関係**

遅発性筋肉痛と筋損傷の他の側面（たとえば，筋機能の低下）とは必ずしも密接な関係にありません．遅発性筋肉痛は，通常，運動の1～2日後にピークとなり，運動後5日程度で消失しますが，筋機能は筋肉痛のない運動直後に最も大きく低下し，その後徐々に回復しますが，運動5日後でも筋機能の低下が見られることも珍しいことではありません（図2）．また，遅発性筋肉痛の程度と，筋機能の減少の程度や，血液の筋損傷指標（クレアチンキナーゼ：CK，ミオグロビン）の増加の程度とは相関しないことが報告されています．したがって，筋肉痛の程度のみから筋損傷の度合を推定するのは危険です．

● **遅発性筋肉痛の対処**

遅発性筋肉痛が起こってしまったら，どうしたらいいのでしょう．遅発性筋肉痛は，特に何の治療をしなくても5日位でなくなっていきます．痛いのを我慢して運動すると痛みが和らぐことはあっても，痛みが増したり，回復が遅れ

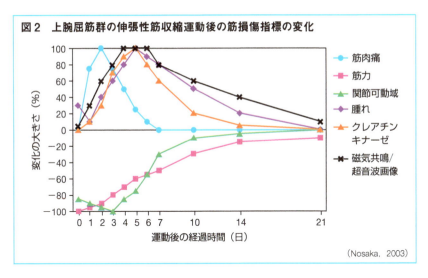

図2 上腕屈筋群の伸張性筋収縮運動後の筋損傷指標の変化

(Nosaka, 2003)

たりすることはありません（図3）．したがって，遅発性筋肉痛は必ずしも「筋肉を安静に保て」という警告信号ではなさそうです．しかし，遅発性筋肉痛とともに，筋力低下が起こっている可能性もあり，運動には注意が必要です．もし，運動後5日たっても痛みが軽減しなかったら，筋肉を動かすと激しく痛む場合は，遅発性筋肉痛ではなく，より重篤な状態である可能性が高いので，専門医に診てもらったほうが良いでしょう．

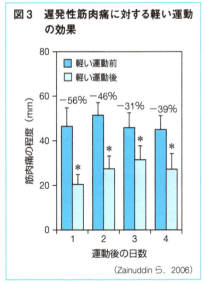

図3 遅発性筋肉痛に対する軽い運動の効果

(Zainuddinら，2006)

### まとめ

◆遅発性筋肉痛は，伸張性収縮を含む不慣れな運動を行うことで生じる筋損傷の一兆候である．
◆遅発性筋肉痛は，筋線維の損傷というより，伸張性収縮によって生じる筋線維を取り巻く筋内膜や筋周膜，あるいは筋外膜の炎症が主な原因となって生じると考えられる．

chapter 1 | sportsscience 1.11 | 筋肉痛 | 解説●野坂和則

# 筋肉を鍛えるには，筋肉を損傷させるトレーニングが有効か？

● ノーペイン，ノーゲイン？

　ノーペイン，ノーゲイン（No pain, No gain）の日本語訳は，「痛みなくして，得るものなし」で，「苦労なくして，得られるものはない」という意味で使われ，運動やスポーツにも当てはまるものです．しかし，「痛み」を文字通りにとらえ，「筋肉痛が生じないと筋肉へのトレーニング効果はない」だとか，「筋肉は壊すことによって強く，太くなる」というような解釈もあります．伸張性収縮を繰り返す運動を行うと，遅発性筋肉痛が生じることは前に述べましたが（p.27参照），常に遅発性筋肉痛が生じる運動が生じるようなトレーニング，筋肉を損傷させるようなトレーニングを行ったほうがいいのでしょうか？

● 繰り返し効果

　遅発性筋肉痛は，同じ運動を定期的に行っていれば，ほとんど生じません．伸張性筋収縮からなる運動を最初に行った後には，遅発性筋肉痛だけでなく，数日から数週間にわたる筋力の低下や，筋損傷の血液マーカーであるミオグロビン濃度の大きな増加が見られますが，同じ運動を数週間後に行った場合は，遅発性筋肉痛の程度が大幅に軽減されるとともに，筋力の回復が速くなり，ミオグロビン濃度の上昇が顕著に抑制されます（図）．これを繰り返し効果と呼びます．繰り返し効果は，時間がたてば次第に薄れていきますが，少なくとも8週間程度は残ります．これは，もし仮に1回目の運動で激しい遅発性筋肉痛が起こったとしても，同じ運動を2か月以内にやれば，2回目の運動後の筋肉痛は1回目よりも軽度であることを示します．

● トレーニング効果

　筋力やパワーを向上させたり，筋肉を肥大させたりするには，伸張性筋収縮を主としたトレーニングが有効であることは，多くの研究で確かめられています．全力で発揮できる筋力（最大筋力）は，短縮性筋収縮より伸張性筋収縮で大きく，例えば，持ち上げることができる最大のダンベルの重量が10 kgであったとすると，それよりも重いダンベル（12〜15 kg）をゆっくり下ろすことが可能です．したがって，伸張性筋収縮をトレーニングに取り入れると，同じ筋

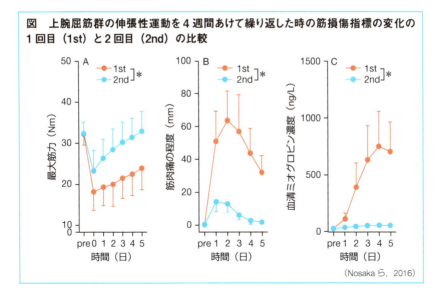

図　上腕屈筋群の伸張性運動を4週間あけて繰り返した時の筋損傷指標の変化の1回目（1st）と2回目（2nd）の比較

（Nosaka ら，2016）

肉により強い負荷をかけることができ，トレーニングの効果も高まるということです．しかし，これは伸張性筋収縮で筋損傷が起こり，遅発性筋肉痛が生じるためではありません．筋力の増加や筋肥大が起こるには1回の運動ではなく，繰り返し運動をしていく必要がありますが，前述した繰り返し効果によって筋損傷は起こりにくくなっていきます．また，遅発性筋肉痛が起こらないように最初は軽い負荷での伸張性筋収縮から初めて，徐々に負荷を大きくしながらトレーニングを行っていっても，筋力は増加し筋は肥大していきます．これは，筋肉が壊れることがトレーニング効果を生んでいるのではないことを示しています．よって，筋力増加や筋肥大を目的としたトレーニングでは伸張性筋収縮を利用することが有効ですが，筋損傷は必要ありません．

● 遅発性筋肉痛はさけるべきか？

遅発性筋肉痛は，ある意味では，筋肉に有効な刺激が加わったことを示していると考えることができます．例えば，久しぶりに運動をして遅発性筋肉痛になった場合，その筋肉には伸張性筋収縮の刺激が不足していたことがわかります．筋肉は「伸張性筋収縮の刺激を定期的に与えてくれ」と訴えているのかもしれません．

### まとめ

◆ 運動を継続することで，遅発性筋肉痛は起こりにくくなる．
◆ 伸張性筋収縮を伴う運動は，筋力の増加や筋肥大に有効な刺激となる．
◆ ノーペイン，ノーゲインではない．

# トレーニングではどのような休息が効果的なの?

解説●小林秀紹

## ●運動後のフィットネスレベルの変化

　トレーニングにおける休息は,疲労やストレスと同様に「ホメオスタシス」と呼ばれる恒常性を維持する機能に基づいて設定されます.休息時間が十分確保されていないと,主に免疫的な面から体調を崩しやすくなる一方,この機能を適切に管理すると,以前よりも高い水準までフィットネスを上げることができます.図は激しい運動を行った後のフィットネスレベルの変化を経時的に表しています.①「トレーニング」負荷(ストレッサー)によって抵抗力が一時的に落ち(疲労),②その後からだを元の状態に戻そうとする時期(リカバリー)に適切な休息をとるとトレーニング効果(超回復*)が現れ,③「理想的」なフィットネスレベルを確保することができます.この場合のフィットネスレベルとは神経活性化,筋グリコーゲンの量,精神的疲労の程度などの総合的な状態を意味しています.

* 超回復:トレーニングによって疲労し,一時的にフィットネスレベルは落ちるが,適切な休息によって以前よりも高い水準まで回復する正の適応.

## ●休息に必要な時間とトレーニング計画

　フィットネスレベルにおいて,生理的反応ごとに必要な休息期間が異なります(表).例えば,血中乳酸濃度を低下させる観点では,完全な休息よりも数分のうちに軽いジョギングなどの積極的休息をとることが効果的ですが,筋グリコーゲン量等のエネルギー量の観点ではその限りではなく,必要な休息時間

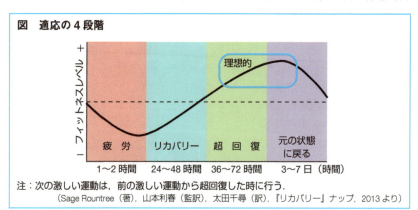

図　適応の4段階

注:次の激しい運動は,前の激しい運動から超回復した時に行う.
(Sage Rountree(著),山本利春(監訳),太田千尋(訳),『リカバリー』ナップ,2013より)

**表 恒常性を維持するために要する生理的反応ごとの休息期間**

| 数分 | 数時間 | 数日 | 数週間 |
|---|---|---|---|
| ・心拍数<br>・血中乳酸値<br>・体温 | ・認知機能<br>・酸素消費量 | ・クレアチンキナーゼ<br>・筋グリコーゲン量<br>・筋痛 | ・筋機能<br>・神経筋の協調 |

[Christophe Hausswirth・ñigo Mujika（編），長谷川博・山本利春（監訳），『リカバリーの科学』図1.1，ナップ，2014を改変]

を確保することがより重要です．生理的反応には個人差があり，トレーニングの内容や強度によっても異なりますが，一般に筋グリコーゲンの回復には10～48時間，筋肉の修復には48～72時間を要するとされています．つまり，生理的反応ごとに休息に必要な時間は異なるものの，おおむね数日を要するため，1週間のトレーニング計画において休息をどう設定するかが，ポイントになります．例えば効果的に休息をとるために同じトレーニング内容を行う場合，連続することなく1日おきに実施するような配慮が必要です．上肢と下肢のトレーニングを異なる日に配置したり，激しいトレーニングと軽いトレーニングを交互に行うことによって，トレーニングの部位や目的に応じた休息を確保することができます．1週間のトレーニング計画で適切な休息が設定されたら，月単位，年単位の計画も合わせて考えます．年単位の計画においては，主たる試合後シーズンオフの休息のとり方として，普段とは異なるスポーツやトレーニングを行うことがモチベーションと疲労への有効な対処とされています．このような取り組みは「ピリオダイゼーション」（期分け）として，トレーニング内容とともに短期および中長期的な休息の配置が計画されます．

● **個人差を踏まえた休息**

休息に必要な時間には個人差のほか，性差や年齢差，経験的な差が認められます．女性やジュニア世代，年齢が高い選手ほど長い休息時間を必要とし，またトレーニング経験を持つ選手の回復時間は短い傾向にあります．したがって，トレーニング内容や栄養や睡眠状況などのコンディショニングをトレーニング日誌などで記録，チェックしながら，個人の回復状態を観察して休息時間を調整，設定していく必要があります．時間は重要なコンディショニングの要素ですが，時間以外にも生理的指標（体温や心拍数など）や心理的指標（気分プロフィール［POMS］や気力など）を手がかりに，心身の回復度合いを観察しながら休息をとることも個人差を踏まえた有効な取り組みです．

> **まとめ**
>
> ◆休息はトレーニング内容を踏まえて計画し，個人のコンディショニング，回復状態をチェックしながら調整する．

chapter 1 | sportsscience 1.13 | 睡眠とトレーニング | 解説●朴　寅成，徳山薫平

# どのような睡眠が競技力向上につながるか？

　競技力を高めるためにはトレーニングのみならず栄養や休養も大事です．特に，休養の中でも睡眠は身体の休息や疲労回復に重要な役割を果たしています．さらにその機序については完璧に理解されていないが，睡眠がパフォーマンスに好影響を及ぼす機能の一つとして，睡眠時の記憶の固定が注目を集め始めています．

● **睡眠とは？**

　睡眠は「レム睡眠（急速眼球運動睡眠）」と「ノンレム睡眠」に分けられ，さらにノンレム睡眠は深さにより３つの段階に分かれています．まず睡眠開始時，呼びかければすぐに目覚めることができる状態であるステージ１から始まります．うとうとしている状態であり，浅い眠りの段階といえます．次の段階であるステージ２は軽い寝息をたてる睡眠状態です．睡眠段階の中では出現量が最も多く，出現率は45～55％です．次は深い睡眠段階であるステージ３に入ります．この睡眠段階では外的刺激に対する反応が著しく鈍くなり起きにくくなります．徐波睡眠，深睡眠とも呼ばれ，一夜の睡眠中では前半に多く出現します．特に，この睡眠段階が健康に必須的な睡眠であると言われ，成長や回復のためのホルモンが分泌されます．そのため，ステージ３がアスリートの回復・強化に大きな役割を担っていると考えられます．深睡眠後，レム睡眠に入ります．筋肉は弛緩されている状態ですが，脳は活動的になるので夢を見ることが多くなります．レム睡眠になると眼球ばかりでなく呼吸や脈拍も増加し血圧はノンレム睡眠の時に比べて少し高くなります．レム睡眠後，再びノンレム睡眠になります．このサイクルが一晩およそ90分の周期で４～５回繰り返され，私たちの睡眠ということになります．

● **記憶の固定**

　投球，水泳，自転車の運転，ピアノ演奏など身体運動を伴う技能を習得し，それを上達させるためには，何回もの反復練習が必要です．このような練習によって大脳に蓄えられる運動技能に関する記憶は，記憶研究の分野では「手続き記憶」と呼ばれ，漢字や英単語の記憶などといった言葉で伝えることが可能な「宣言記憶」と分けて考えられています．「手続き記憶」は言葉で伝えることが困難で，スポーツの技の習得はほぼすべてがこれに分類され，習得までには

何回も反復トレーニングが必要です．一度習得されると忘却しにくく，一度覚えた水泳や自転車の運転は忘れません．この状態を記憶が固定されたといいます．そして，「宣言記憶」と「手続き記憶」いずれの場合にも記憶の固定には睡眠が重要な役割を担っています．

近年，運動技能の学習後に十分な睡眠をとることが手続き記憶の固定に有利に作用することが明らかになってきました．運動技能のパフォーマンスが睡眠の工夫で向上することを示した研究があります．バスケットボール選手に十二分な睡眠（10時間睡眠）を6週間継続させると，バスケットボールの技術や心理テストの成績が向上しました（表）．この実験の参加者は，実験開始前から平均8時間前後の睡眠時間をとっていたにもかかわらず，6週間の10時間睡眠の後にパフォーマンスが向上したことは非常に興味深い点です．ただし，通常の睡眠時間を保った群や睡眠時間を短くした群が設けられていないため，パフォーマンスの向上が睡眠時間の延長によってもたらされたものなのか，6週間のバスケットボールの練習による影響なのか明らかにするためには，さらなる追加実験が必要です．

また，スポーツのパフォーマンスではないのですが，指先の作業が睡眠後に上手になったという興味深い実験があります．コンピュータ画面上に表示された5つの数字をキーボードから入力する作業を素早く行わせると，最初の試技では30秒間に12回数字を打ち込むことができるが，これを繰り返すと次第に上達し，12回目の試技では20回近く正しい数字の組み合わせを入力することができるようになりました．興味深いのは，睡眠後には22回以上正しい数字の組み合わせを入力できるように，上手になっていることです（図：コントロール）．一方，睡眠時無呼吸の患者（睡眠時にリラックスすると気道が閉塞して無呼吸となり，重症な場合には2分程度呼吸が止まり，その度に目が覚めてしまい睡眠段階3がほとんどない）では，睡眠後にもパフォーマンスが向上していません（図：睡眠時無呼吸患者）．

表　バスケットボール選手に十二分な睡眠を6週間継続させた実験

|  | ベースライン | 十二分な睡眠 |
| --- | --- | --- |
| 282フィートスプリント（秒） | 16.2 ± 0.61 | 15.5 ± 0.54 |
| フリースロー（10回） | 7.9 ± 0.99 | 8.8 ± 0.97 |
| 3ポイントシュート（15回） | 10.2 ± 2.14 | 11.6 ± 1.50 |
| 練習の自己評価（1〜10） | 6.9 ± 1.41 | 8.8 ± 1.06 |
| ゲームの自己評価（1〜10） | 7.8 ± 1.07 | 8.8 ± 1.19 |

(Mahら，2011)

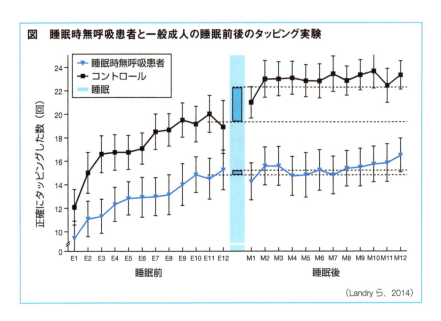

図 睡眠時無呼吸患者と一般成人の睡眠前後のタッピング実験

(Landry ら, 2014)

　前述したように睡眠は単一の生理現象ではなく,複数の睡眠段階から構成されています.記憶の固定にはレム睡眠,睡眠段階2あるいは睡眠段階3が重要であると,現在は諸説さまざまですが,技の練習をしっかりと行ったならば,十分な睡眠をとることが重要であると考えて良いでしょう.

> **まとめ**
>
> ◆睡眠はからだの休息や疲労回復に大事な役割を果たしている.さらに運動技能の学習後に十分な睡眠をとることが,「手続き記憶」の固定に有利に作用すると考えられる.

chapter 1　sportsscience 1.14　　栄　養　　解説●田口素子

# トレーニング効果を高める栄養・食事摂取とは？

## ●エネルギー消費量に見合うエネルギー量を摂取しよう

　トレーニング効果を高めようとすると，サプリメントやある特定食品などの摂取に目が行きがちです．しかし，トレーニングを日常的に行うスポーツ選手はエネルギー消費量が大きくなるため，まずはエネルギー消費に見合うエネルギー摂取をし，かつ体格や競技特性に合わせた栄養摂取をすることが，体重や筋肉量を維持するためには必要不可欠です（図1）．最近の国際オリンピック委員会（IOC）コンセンサスでは，摂取エネルギー量からトレーニングによる消費エネルギーを差し引いて除脂肪量で除した値が低い状態（相対的エネルギー不足）が続くと，男女ともにさまざまな生理機能の低下や阻害が引き起こされることが指摘されています．

## ●必要な栄養素はタイミングよく摂取しよう

　身体づくりのためには，脂質の過剰摂取を抑えて良質なたんぱく質を摂取する必要があります．また，筋運動のエネルギー源となる筋グリコーゲンも，運動後に速やかに適切なレベルまで回復させておきたいものです．運動後にはできるだけ早いタイミング（30分〜1時間以内）で炭水化物を摂取することが推奨されています．さらに，炭水化物の単独摂取よりも，たんぱく質と同時に

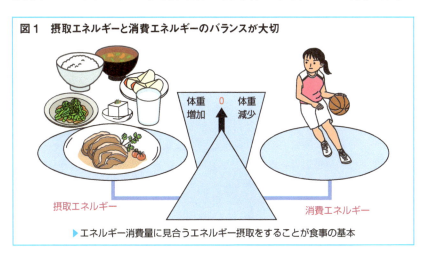

図1　摂取エネルギーと消費エネルギーのバランスが大切

▶エネルギー消費量に見合うエネルギー摂取をすることが食事の基本

第1章　トレーニングのための使えるスポーツサイエンス

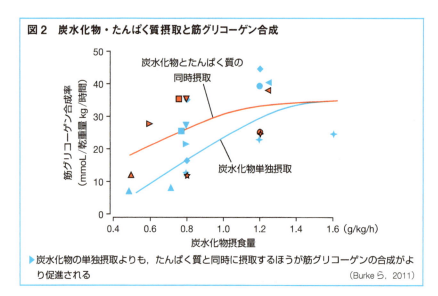

図2 炭水化物・たんぱく質摂取と筋グリコーゲン合成

▶ 炭水化物の単独摂取よりも，たんぱく質と同時に摂取するほうが筋グリコーゲンの合成がより促進される

(Burkeら，2011)

摂取することにより，筋グリコーゲンの回復がより促進されることも報告されています（図2）．炭水化物とたんぱく質を一緒に摂取することは，体たんぱく質合成の観点からも良いといえます．したがって，トレーニング後，体たんぱく質やグリコーゲンの合成が高まっているタイミングで，食事や補食などによる栄養補給をすることが効果的と考えられています．1日に必要なエネルギーと栄養必要量を確保するだけでなく，食事や補食の摂取タイミングも考えて食べることが大切なのです．

● 体重モニタリングで食事量チェック

　成人の場合，エネルギーバランスが取れている状態，すなわちエネルギー消費量と摂取量が釣り合っている状態では，体重は一定に保たれます．したがって，体重を毎日測定してその変化を見ていけば，エネルギーバランスがとれているかどうかがわかります．食事や運動の影響を最も受けない体重は早朝空腹時体重です．起床して排尿後すぐに飲食をしない状態で，体重測定を毎朝行い，記録していきましょう．その結果，トレーニング量が変わらないのに体重が増加している場合は食事量が多いと判断できます．その場合，食事量そのものが多いのか，内容的に脂質や糖質に偏った食事になっているのか，あるいはプロテインなどの過剰摂取によるものなのか，原因はまちまちです．食事やプロテインから過剰なたんぱく質を摂取すると，余剰分は体脂肪に変換されて蓄積されることもありますので，食事改善の具体的方法については公認スポーツ栄養士（日本体育協会と日本栄養士会の共同認定資格，管理栄養士）にご相談ください．一方，体重が減少傾向にあるなら，エネルギー摂取が少ないとみなせる

ため，食事量を増やしましょう．このように，食事量が適切かのチェックは体重変動から推測できます．トレーニング効果や成長状態のチェックという面から，身体組成の測定も月に1回程度行い，除脂肪量の変化もチェックするとよいでしょう．ジュニア期から早朝空腹時体重と身体組成のモニタリングを習慣づけることをおすすめします．

● **体調の変化でわかる食事の質**

一方，食事の質が悪いと体調に変化が現れます．例えば，だるい，疲れやすいという場合には炭水化物やビタミン不足，立ちくらみや息切れがするようであれば鉄やたんぱく質の不足，けがをしやすい，風邪をひきやすいという場合には，カルシウムやビタミンCなどが不足している可能性があります．また，口内炎ができやすい場合にはビタミンB群の不足です．このように，栄養不足の場合はからだのどこかにサインが出るはずですので，それを見逃さないようにし，食生活の改善に活かしていきましょう（図3）．

**図3　各栄養素を多く含む食品例**

| たんぱく質 | 鉄 |
|---|---|
| 牛もも肉，鶏むね肉，豚もも肉，鮭，たら，卵，豆腐，納豆 | 牛もも肉，レバー，厚揚げ，あさり，ほうれん草 |

| カルシウム | ビタミン類 |
|---|---|
| 牛乳，ヨーグルト，チーズ，高野豆腐，小松菜，ジャコ | 豚ヒレ肉，にんじん，オレンジ，オレンジジュース100%，キウイ |

▶毎日の食事にこれらを積極的に取り入れましょう

**まとめ**

◆トレーニング効果を高めるためには，トレーニングで消費した分のエネルギーを食事からしっかりとることが大切．
◆特定栄養素の過剰摂取にならないように気を付けながら，食事や補食のタイミングも考慮する．
◆体重や体調の変化から食事の量や質のチェックができる．

chapter 1　sportsscience **1.15**　　栄　養　　　解説●田口素子

# 理想的な食事バランスとは？

### ●欠食は絶対にしない

　平成26年度国民健康・栄養調査によると，朝食の欠食率は男性14.3％，女性10.5％であり，性・年齢階級別にみると，男女ともに20代で最も高く，男性37.0％，女性23.5％であったとのことです．朝食欠食者は昼食や夕食でのエネルギー摂取は多くなるものの，1日のエネルギー摂取量にすると少なくなるというデータもあります．スポーツをする人であればなおさら，欠食によりエネルギーのみでなく，たんぱく質やビタミン，ミネラルの必要量の確保はできなくなります．1日にするとさほど大きくないエネルギー不足であっても，習慣的に続けば不足は大きくなり，コンディションへの影響も出てくることが指摘されています．欠食は絶対にしないよう心がけましょう．時間のない朝には，納豆卵かけご飯とみそ汁，ハムチーズトーストと野菜ジュースといった簡単な組み合わせからでもよいので，内容の充実をはかるよう心がけることが大切です．

### ●「食事の基本形」を意識して

　スポーツする人には，毎回の食事を主食・主菜・副菜2品・乳製品・果物を揃えた「食事の基本形」に近づけるよう工夫してください（図）．このように揃えると，エネルギーや栄養素が摂りやすくなります．主食はエネルギー源となる炭水化物の多い食品であり，ご飯，パン，麺類などがあります．持久的なトレーニングを行う場合や，練習量が多い時期には主食をしっかりとりましょう．主菜は肉・魚・大豆製品・卵を使ったおかずとなる料理です．体格が大きい人はメインのおかずに加え，サラダにハムや卵を入れたり，冷奴や納豆をつけるなどの工夫をしてください．副菜は野菜・芋・海藻・きのこを使った料理をさします．不足しやすいので意識して増やすようにするとよいでしょう．みそ汁やスープは具だくさんにすることをおすすめします．牛乳またはヨーグルトと果物は毎食つけるか，または補食として食事以外の時に摂取してもかまいません．

### ●補食を活用しよう

　食事と食事の時間があいてしまう場合，一度にたくさん食べられない場合，部活動や仕事帰りのスポーツ時の帰宅が遅くなる場合には，食べやすい補食を活用してください．練習前など炭水化物の摂取をしたい時にはおにぎりや小さめのパン，脂っこくないサンドイッチ，バナナなどの果物，ミニサイズのうどんなどがおすすめです．たんぱく質を補給したい時には牛乳，ヨーグルトやチー

図 スポーツする人におすすめの「食事の基本形」

▶毎食の食事を主食・主菜・副菜2品・乳製品・果物をそろえた「食事の基本形」に近づけるよう工夫すると，エネルギーや栄養素がとりやすくなる．

ズ，サンドイッチなど，ビタミン類の補給には果汁100％のオレンジジュースやグレープフルーツジュースが手軽です．

● 積極的にとり入れたい食品

　各栄養素を効率よく摂取するためには，それぞれの栄養素を多く含む食品を知っておく必要があります（p.39 図3参照）．たんぱく質源となる食品のうち，肉や魚は部位や種類によって100g当たりに含まれるたんぱく質と脂質の量は大きく異なります．脂肪の少ない赤身肉や鶏むね肉（皮なし），鮭やたらなどの魚類は効率良くたんぱく質が摂取できます．また，牛赤身肉は鉄分を，豚もも肉はビタミン$B_1$を豊富に含んでいます．脂質は現代の食生活では過剰摂取となりがちなため，取りすぎないように意識したいものです．そこで食材の選択だけでなく，揚げ物など油の多い調理法ばかりにならないようにし，マヨネーズのような調味料のかけすぎにも注意してください．そして，野菜類のうち緑黄色野菜はミネラルやビタミンを豊富に含んでいるため，積極的に毎日の食事に取り入れてください．個別の食事改善については公認スポーツ栄養士にご相談ください．

まとめ

◆理想的な食事とは，エネルギーと各栄養素が過不足なく含まれる食事のこと．
◆毎食の食事を主食・主菜・副菜2品・乳製品・果物を揃えた「食事の基本形」に近づけるよう工夫し，補食も活用する．そのうえで，一品ごとの内容と量を考えていく．

chapter 1　sportsscience 1.16　体温調節　解説●長谷川博

# 暑い環境下でも高いパフォーマンスを発揮する方法とは?

● 運動時の体温調節反応

　我々ヒトの体温（環境の影響を受けない核心部の温度または深部体温：脳温，食道温，直腸温など）は熱産生量と熱放散量のバランスによって決まり，通常約37℃に保たれています．適度な環境条件下では，産生された熱は伝導，輻射，対流による熱放散（非蒸発性熱放散）と汗の蒸発による熱放散（蒸発性熱放散）により，体外へ放散されます（図1）．一方，皮膚血流量の増大は活動筋への血流量を減らしてしまうため，持久性運動パフォーマンスを低下させる可能性もあります．環境温が皮膚温より高くなり暑くうだるような状況（暑熱環境下）では，運動による産熱量以外に太陽や地面からの輻射熱が加わるため，熱が体内に流入してきます．これらの熱がそのまま身体に蓄えられると，体温が上昇し，約40℃に達すると疲労困憊して運動を継続することが不可能となります．したがって，暑熱環境下の持久性運動において，安全かつ高い運動パフォーマ

**図1　運動時における環境ストレス要因と熱放散経路**

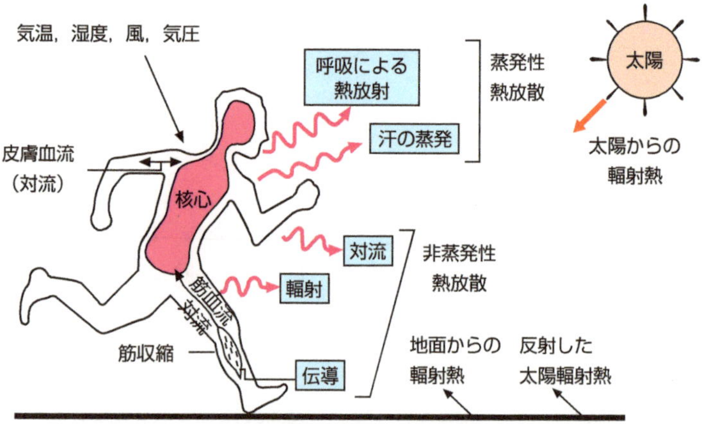

▶運動のためのエネルギー効率は総消費エネルギーの20％程度で，残りの80％は熱に変換される．運動により発生した熱は，主に伝導，輻射，対流，汗の蒸発により体外へ放出される．環境温がからだの表面温度より高くなると，汗の蒸発による熱放散が唯一の熱放散手段となる．

（Gisolfi, 1984）

ンスを発揮するためには,過度な体温上昇や脱水を防ぐことが重要であり,そのためには体熱を効率よく放出する必要があります.

● 暑さに対するからだの反応とは？

　暑熱環境下において持久性運動トレーニングを繰り返し行うと,暑熱ストレスに対する抵抗力（暑熱耐性）が高くなります.このように暑さにからだが適応することを暑熱順化といいます.暑熱順化後の主なからだの反応を図2にまとめました.暑熱下のパフォーマンスを制限する深部体温は,安静時および運動時に低下し,限界レベルに達するまでの温度差が大きくなります.また,皮膚血流反応や発汗反応が改善するなど,熱放散機能が向上します.また,汗による電解質の損失量（汗の塩分濃度）が減り,体液バランスが改善します.また,心臓循環系や代謝系も改善されます.乳酸性作業閾値が上昇することから,同じ運動でもより楽に行えるようになります.さらに,熱に対し反応するヒートショックプロテインの発現が増大するなど,細胞レベルでも変化が起こり,暑熱耐性が増大します.このように暑熱順化によってからだのさまざまな機能が向上するため,持久性運動能力は向上し,同じ運動を行っていても暑さの感覚は軽減され,熱中症の危険性も少なくなります.

　一方,暑熱環境や高体温はスプリント能力などの高強度短時間の運動パフォーマンスにはあまり影響がないようです.

● 暑熱順化トレーニングとして何を行えば良いのか？

　暑熱順化を開始すると,3日前後から発汗量の増加,心拍数の低下,体温上昇度の低下といった生理的変化がみられます.しかしながら,競技アスリート

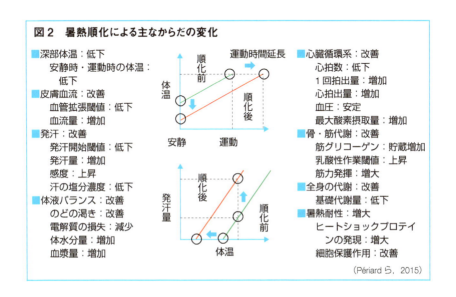

図2　暑熱順化による主なからだの変化

(Périard ら, 2015)

が暑熱環境下で最適な運動パフォーマンスを発揮するためには，さらに日数が必要で，一般的には7～10日が必要とされています．実際に運動鍛錬者が暑熱環境下において10日間連続して自転車運動を行うと，体温が低下し，運動継続時間が延長します．暑熱順化を効果的なものにするためには，このように体温が1℃以上上昇する運動が必要です．さらに，アスリートが暑熱順化を行ううえで考慮しなければならないのは，運動の強度と時間です．一般的には，60～100分前後の中強度運動（50～60% $\dot{V}O_2max$ 前後）がよく用いられています．最近では，高強度運動（75% $\dot{V}O_2max$）をより短い時間（30分）で行っても同様の結果が得られることも報告されていますが，重要な点は体温や皮膚温を上昇させ，熱放散反応を刺激することです．

また，暑熱順化の時期による調整では，暑熱順化初期にはまだからだがなれていないため，低い強度から開始し，徐々に強度と時間を増やしていくのが一般的です．さらに，暑熱順化により獲得した機能は，暑熱順化終了後，約1週間～1か月間で消失してしまうことから，トレーニングの間隔を3日以上連続してあけないことが大切です．また，暑熱順化はトレーニングしていない人と比べて，高度にトレーニングを積んだ競技アスリートにおいてよりはやく発現します．以上のように暑熱環境下での運動トレーニングは，熱放散反応や持久性運動パフォーマンスを改善させることから，この適応を積極的に利用することが重要です．

● **暑熱順化トレーニングの留意点と熱中症予防**

熱中症は梅雨の合間や暑くなり始めの数日間（梅雨明け直後）に多く発生しています．これはからだが暑さに順応していないことが大きな原因の一つです．また，暑熱耐性が改善されると水分摂取量も少なくてすむと誤解してしまいがちですが，むしろ水分摂取量は増やさなければなりません．なぜなら，暑熱順化中は発汗機能が向上するため，発汗量が増加し，体水分の損失も通常より大きくなるからです（図2）．また，たった1度の脱水状態でも暑熱順化によって獲得した暑熱耐性が阻害され，運動能力は低下してしまうので水分摂取を怠らないよう心がけることが重要です．暑熱順化を効果的に行うためには，順化期間中の体水分状態を，運動前の体重測定や尿の量と色（尿量の減少と濃縮により色が濃くなっていく）からチェックすると良いでしょう（p.79 Q2.09参照）．

### まとめ

◆暑熱順化トレーニングは，体温や心拍数などの生理的ストレスを軽減し，通常および暑熱環境下の持久性運動能力や熱放散機能を向上させる．これらの効果には1～2週間必要で，順化中のトレーニングの量や強度は低強度から徐々に上げると良い．

◆順化中は発汗量が増えるので水分摂取を怠らない．

chapter 1 | sportsscience 1.17 | 特殊環境 | 解説●荻田 太

# 高地トレーニングは短距離選手には効果はないの？

●**無酸素性エネルギー供給系**

　一般に，高地トレーニングは低酸素環境への身体適応（順化）を利用し，持久的運動能力を増大させることを目的として実施されてきました．確かに，血液性状の変化などからみると，持久的能力を向上させるために有利に作用すると思われます．しかしながら，その一方では，酸素が薄いために，平地と比べて最大酸素摂取量が低下してしまい，結果的にトレーニング強度が下がってしまうという問題が生じます．トレーニング効果は，トレーニング強度に強く依存することを考えると，これは大きな障害に違いありません．

　一方，人間の身体には，酸素を使ってエネルギーを産生するシステムの他に，酸素を使わずにエネルギーを産生するシステムがあります．ひとつは，筋肉内に蓄えられたアデノシン三リン酸（ATP）とクレアチンリン酸（PCr）が分解されることによってエネルギーを産生するATP-CP系，もうひとつは，糖が分解される過程でエネルギーを産生する乳酸系（＝解糖系）です．これら両者を総称し，「無酸素性エネルギー供給系」と呼んでいます．この無酸素性エネルギー供給系はそれほど多くのエネルギーを供給できるわけではありませんが，運動開始後，素早くエネルギーを供給できるという特徴をもち，短時間で終了する高強度運動時に重要な役割を果たしています．

●**高地トレーニングと無酸素性エネルギー供給能力**

　高地トレーニングは，長距離選手を対象に実施されてきましたので，無酸素性エネルギー供給能力が重要な短距離選手には，長い間，応用されてきませんでした．しかしながら，1990年，高地トレーニング後，高強度運動中の酸素借と筋の緩衝能力\*が向上したこと，およびランニングタイムの改善率と筋の緩衝能力の改善率との間に相関関係が認められたこと（図1）が，Mizunoらによって報告されました．この知見は，高地トレーニングが，無酸素性エネルギー供給能力と高強度運動パフォーマンスの向上にも役立つことを示した，筆者が知る限り初めてのエビデンスです．

　　\*　運動時に産生された乳酸由来の水素イオンによるpH低下を抑制する作用．筋内pH低下は，高強度運動時の筋疲労要因のひとつと考えられていることから，緩衝能力の向上は，高強度運動パフォーマンスの向上を導く．

### 図1 高地トレーニング後の走時間の変化率と腓腹筋の緩衝能力の変化率との関係

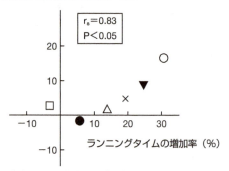

▶走パフォーマンスの向上は、緩衝能力の改善に依存した．

（Mizuno ら, 1990 をもとに筆者改図）

### 図2 通常大気条件と低酸素条件における運動持続時間と走速度の関係（左）とその運動中の酸素摂取量の関係（右）

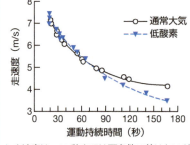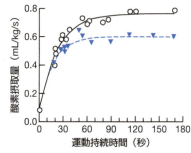

▶走速度は、60秒までは両条件で差はないが、酸素摂取量は、30秒以降、低酸素条件のほうが低い．

（Weyand ら, 1999 をもとに改図）

　その数年後，Weyand らは，通常大気または低酸素ガス（13% $O_2$）を吸入させながら，異なる速度で疲労困憊に至るまで走運動をさせたときの持続時間と酸素摂取量を比較しました（図2）．その結果，走速度は1分程度まではどちらの条件においても差は認められませんでしたが，酸素摂取量は，運動が30秒以上になると，低酸素条件において低くなりました．同じ走速度における酸素需要量は等しいはずですから，酸素摂取量の低下分は無酸素性エネルギーによって代償されたことを意味します．このことは，30秒から1分程度の運動の場合，低酸素条件のほうが無酸素性エネルギーをより多く動員できる

ことを示しており，無酸素性エネルギー供給能力の向上により効果的である可能性を示唆するものです．

　この仮説を検証すべく，後年，筆者らも平地と低酸素環境下で，タバタプロトコール（Tabata Protocol, p.6）と呼ばれる20秒の運動を10秒の休息を挟みながら8セット実施する高強度インターバルトレーニングを中心に実施してみました．その結果，最大酸素摂取量はどちらの群も同程度の増加（12%）であったものの，無酸素性エネルギー供給能力である最大酸素借は，低酸素群（28%）のほうが平地群（14%）より大きな増加となりました．

　さらに，平地と低酸素環境下で，5秒の全力運動を10秒の休息を挟みながら5回繰り返すスプリントトレーニングを実施した別の実験においても，低酸素群のほうが最大酸素借，スプリント能力の指標である最大無酸素性パワーともに，より大きな改善を示しました．これと類似した研究報告は，近年，国内外で増えてきています．

　以上のことから，高地トレーニングは，「持久的運動能力を向上させる手段」という概念に加え，「無酸素性エネルギー供給能力を向上させる手段＝短距離選手に対しても有効なトレーニング」という概念が，徐々に広がりつつあります．

> **まとめ**
> ◆低酸素への生体適応を利用して，高地トレーニングは持久的運動能力を高める手段として用いられてきた．
> ◆低酸素環境は，無酸素性エネルギー供給系に対しても大きなトレーニング刺激を与えうることがわかり，高地トレーニングが短距離選手へも広く応用されることが期待される．

chapter 1 | sportsscience 1.18 | 子供とトレーニング | 解説●石井好二郎

# 子供への早期専門化トレーニングって成功に結びつくの?

## ●小児期からのトップアスリート発掘は可能か?

　2016年9月に発表されたアメリカ小児科学会（American Academy of Pediatrics：AAP）健康スポーツ医学委員会のレポートでは，特定のスポーツを実施する子供の10人中7人は，13歳までにそのスポーツをやめていることが報告されました．その原因としてはスポーツへの意欲を減退させるプレッシャーにあるとしています．また，少なくとも15歳までは1つのスポーツに集中させないことが，オーバーユースによる障害リスクを低下させると報告しています．さらに，この委員会の議長である研究者は，「現在，組織化された育成プログラムが数多く実施されており，保護者や指導者は成功することを目指しているが，その機会に恵まれる子供は稀である」とも述べています（表）．

　2015年5月には世界各国の研究者で構成された国際オリンピック委員会（International Olympic Committee：IOC）のユース競技者育成に対する統一見解が発表されました．その中では「タレント発掘・成功の事例は限られたものである」と述べられています．個人の発育発達や成熟の差，日々の行動の違いなど，あまりにも影響を及ぼすものが多く，また，ユース世代の育成は多面的であり，トップアスリートまでの道のりも多様であるため，科学として評価できるエビデンスはないとのことです．一方，多くの成功したトップアスリートは複数の種目を経験した後に専門化しており，思春期後に専門化したほうが障害も少なく，安定した競技成績と長い競技生活を残していることを報告しています．世間から注目されているタレント発掘・育成プログラムですが，IOCは「実際の結果とは明らかなギャップがある」との見解を示しています．

## ●遺伝子検査によってスポーツの素質がわかるの?

　近年，遺伝子検査によってスポーツの素質を調べようとする商業的なサービスが増えてきました．これらの動きに対し，多分野に渡る国際研究者グループから「遺伝子検査サービスでスポーツの素質を知ることはできない」との共同声明が2015年12月に示されました．現時点での遺伝子研究はスポーツの成績や才能を特定できるほどのレベルには到達していない，と遺伝子研究の専門家が述べています．また，遺伝子検査サービスで提供される数種類の遺伝子情報では，スポーツ種目やトレーニング方法を変更させるのに，何ら意味を持たな

**表　ユース競技者に対するアメリカ小児科学会の見解**（Brenner, 2016 を改変）

| ユース・スポーツによって得られるもの |
|---|
| リーダーシップ．楽しみ．自尊心．チームワーク．運動能力．社会性． |

| 数値的な事実 |
|---|
| 13 歳までに 70％が組織化されたスポーツをやめる．<br>少なくとも 50％のスポーツ障害は使い過ぎが原因であった．<br>奨学金を得られるレベルの高校選手は 1％程度である．<br>大学でも競技を続けるのは 3〜11％にとどまる．<br>プロレベルにまで進めるのはわずか 0.03〜0.5％程度である． |

| ガイダンス |
|---|
| 心身の回復のため，1 か月間スポーツを行わない月を年 3 回は設定すること．<br>生涯にわたる運動への技術と楽しみを得るため，さまざまなスポーツを行うこと．<br>複数のスポーツを行うことは，障害やストレス，燃えつき症候群に陥ることを軽減する．<br>障害予防のため，1 週間に少なくとも 1〜2 日はスポーツから離れること．<br>思春期後期までスポーツ種目の特定化を避けることが，より高レベルの成績を残す可能性を高める．<br>早くから多くのスポーツに親しむこと，そして専門化を遅らせることは，生涯にわたる健康な体力とエリート競技者となるチャンスの両方に貢献する． |

いと一蹴しています．さらには，遺伝子情報を受けとる側のリテラシーも不足しており，安易な遺伝子検査は子供のスポーツの機会や将来を奪うものであると警鐘を鳴らしています．

● **子供には多くの遊びやスポーツを体験させよう**

前述した IOC の統一見解でも，競技団体や指導者・関係者は科学的な根拠に基づき行動することが肝心であると述べています．現在のところ，国際的な機関・研究者の考えは，子供への早期専門化トレーニングに対して否定的です．それよりも多くの遊びやスポーツを経験した後で，競技種目やトレーニングを専門化させることを推奨しています．誤った情報や行動によって，子供たちのスポーツ参加や将来的な権利を奪ってしまわないよう，気をつけなければなりません．

最近になり，遊びのような非組織的な身体活動が，子供のメンタルヘルス，ソーシャルヘルスあるいはライフスキルを向上させることが報告され始めました．「この子にはこの種目・トレーニングを！」ではなく，子供がさまざまな興味を持ち，挑戦をし，自我が確立する思春期後半以後に専門化することが，科学的なエビデンスからも正しいようです．

| まとめ |
|---|
| ◆思春期前の子供のトレーニング効果は成人より低い．<br>◆早期の専門化は障害やストレス，燃えつき症候群のリスクを高める．<br>◆多くの国際的な機関・研究者は，子供への早期専門化トレーニングに対して否定的である． |

chapter 1 | sportsscience 1.19 | 女性とトレーニング | 解説●林貢一郎

# 女性アスリートによくみられる身体的トラブルとは？

　日々のトレーニングは生体の働きを良い状態に導いてくれます．しかし，女性アスリートには，女性特有のスポーツ医学的問題があり，残念ながら，日々のトレーニングが原因でパフォーマンスを下げる選手も多く存在します．

● 女性アスリートの三主徴（Female Athlete Triad：FAT）とは？

　激しいトレーニングを継続して行う女性アスリートは，「Low energy availability（エネルギー不足）」，「運動性無月経」，「骨粗鬆症」という3つの健康問題を有することが多く，これらは「女性アスリートの三主徴：Female Athlete Triad：FAT」と呼ばれています．"Energy availability" とは，摂取エネルギーと運動によって消費されるエネルギーの差であり，運動以外の生活で消費されるエネルギー量を指します．Low energy availability とはこのエネルギーが少ない状態を指します．この状態が長く続くと無月経を引き起こし，骨粗鬆症へとつながってしまいます．このように，女性アスリートの三主徴はお互いに関連して発症するのです．

● 運動性無月経はなぜ起こる？

　激しいトレーニングの継続によって起こる無月経を運動性無月経といいます．なぜ，運動性無月経は起こるのでしょうか？

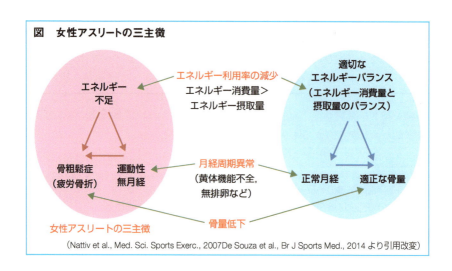

図　女性アスリートの三主徴

（Nattiv et al., Med. Sci. Sports Exerc., 2007 De Souza et al., Br J Sports Med., 2014 より引用改変）

1つに，エネルギー不足すなわち Low energy availability の影響が考えられます．低栄養状態が続くような"飢餓状態"では，大変なエネルギーを必要とする生殖機能（月経は妊娠するためにある）は後回しになるよう脳がそれらの機能にストップをかけてしまいます．

さらに，Low energy availability の状態が長く続くと，体脂肪率の低下が起こります．エストロゲンは女性の生殖機能を正常に維持するための非常に重要なホルモンです．実はこのエストロゲンはコレステロール（つまり脂質）から作られており，体脂肪が過度に低下するとエストロゲンの産生量が下がります．加えて，この過程は脂肪組織内で起こるため，脂肪が少なくなると，この過程自体の効率が悪くなります．アスリートにおいて，体脂肪率が15%を下回ると月経異常率が急上昇し，10%以下では全員が月経異常であったという報告もあります．アメリカスポーツ医学会では，BMIが17.5以下になるとリスクが高くなるという評価基準を設定しています．

精神的・身体的なストレスも運動性無月経に関係します．ストレスホルモンであるコルチゾールは，脳下垂体から放出される GnRH（性腺刺激ホルモン放出ホルモン）という卵巣からのエストロゲン産生を促進するホルモンの放出を抑制します．したがって，ストレスレベルの高いアスリートでは月経異常を呈してしまいます．

### ●運動しているのに骨折？

エストロゲンは骨芽細胞（骨を作る細胞）を活性化し，逆に破骨細胞（骨を溶かす細胞）の働きを抑制する働きを持っているので，骨量の維持にとても重要なホルモンです．つまり，運動性無月経によるエストロゲン欠乏は骨量の低下を招きます．加えて，Low energy availability 状態によりカルシウムやビタミンの量が不足している場合にも骨量は低下してしまいます．本来，運動は骨を強くするはずですが，過度の減量や運動性無月経によって骨量が低下した状態（骨粗鬆症）に加えて，運動による過度の物理的な負荷が加わることにより，疲労骨折のリスクが高くなってしまいます．

自分の能力を高めるはずの運動・スポーツ活動の実施によって，必要な機能を損ねてしまい，アスリートとしての大切な時期を無駄にすることは本末転倒であるといえます．特にジュニア世代・思春期の選手においては，女性アスリートの三主徴に留意した十分なエネルギーおよび栄養の摂取，体重コントロール，トレーニング内容（質・量）の調整が必要です．

> **まとめ**
>
> ◆女性アスリートに対しては，女性アスリートの三主徴に留意したトレーニング内容およびエネルギー摂取量の調整が必要である．

chapter 1 | sportsscience 1.20 | マスターズ | 解説●石川昌紀 佐野加奈絵

# マスターズ競技者のトレーニングは若い選手と同じで良いか？

## ●マスターズ競技者にもトレーニング効果はあるが……

　ヒトは年を重ねると，瞬間的に大きな力を発揮する速筋が衰え敏捷性が失われやすくなります．また，筋力低下だけでなく，それに繋がる腱や骨の材質も低下します．近年では，高齢者でもトレーニングすると筋肉だけでなく腱や骨を合成する能力が高まり，その効果は若者のトレーニング効果と変わらないことが報告されていますが，加齢に伴う速筋の衰え（筋線維の遅筋化）は身体活動量に依存しないため，日頃から鍛錬しているマスターズ競技者でも，それを抑えることはできていません．さらに，12週間を超える長期のトレーニング実験では，トレーニング効果が少なくなり，それ以降は頭打ちになる傾向が報告されています．その影響か，陸上などのマスターズ大会では，個人の記録の大幅な向上が望みにくく，同じクラスで最若手となった時や，強い選手が5歳刻みの次のクラスへ移る時に上位入賞のチャンスとなることが多くなります．いかにけがをしないで身体機能の低下を抑えるかがポイントになります．

## ●加齢に伴う筋肉の特徴と課題

　一般の高齢者では，加齢に伴い筋量の減少だけでなく筋肉の長さも短くなり，狭い関節可動域での力発揮や，若者と同程度の筋短縮速度の動作において筋力の低下が強いられます．逆に，伸張性収縮による力発揮の低下は少なく，加齢に伴う筋線維の遅筋化と収縮速度の低下が，少ないエネルギーで筋肉を強縮することを可能にし，その疲労耐性は若者よりも高いとされています（図）．陸上競技における走動作で考えた場合，疾走速度の遅いマスターズ競技者ほど足・膝・股関節の伸展角度・角速度が小さく，ストライドの低下を招き疾走速度を低下させます．マスターズ陸上におけるトップクラスの選手の筋肉は短くないことから，今後，静的ストレッチで四肢の筋肉をしっかり伸ばすストレッチなどをトレーニングとして取り組む重要性が指摘されてくるかもしれません．

## ●腱などの軟部組織の特徴と課題

　一般的に加齢に伴いアキレス腱や膝蓋腱の材質は低下し，柔らかくなり，素早い動きや力発揮，力や動きのコントロールに不利になります．マスターズ競技者の加齢に伴う短距離走能力の低下にはストライドの低下が影響し，筋の力発揮や短縮速度の低下を補うためにも，加齢に伴う腱の材質低下を抑えること

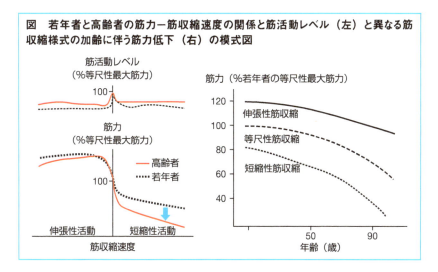

図　若年者と高齢者の筋力−筋収縮速度の関係と筋活動レベル（左）と異なる筋収縮様式の加齢に伴う筋力低下（右）の模式図

が求められます．高齢者でも 14 週間の 1RM 90％程度の高強度で行うアイソメトリックトレーニングやホッピング運動のような高強度の身体運動でアキレス腱を硬くすることが可能なことから，けがのしにくい高強度でのアイソメトリック系のトレーニングで腱の硬度を高めることが求められます．

● 神経系の特徴と課題

　高齢者の筋力トレーニングモデルでは，トレーニング効果には筋肥大よりも神経系の改善による貢献が大きく，高齢者でも神経活動の頻度と量を示す運動単位のインパルス発射頻度や動員運動単位数を増やせることが報告されています．障害物やつまずきなどの素早い対応に関係するバランス能力においても，一般の高齢者と比較してマスターズ陸上競技者の安定性は高くなります．しかしながら，加齢に伴い運動神経の伝導速度は低下し，マスターズ陸上競技者においても，つまずきなどに対する反応のタイミングは一般の高齢者と同じように低下します．さらに，高齢者の筋力トレーニングで改善された下肢の筋力アップが運動能力に上手く利用できていないとの報告もあり，加齢を考慮し，目的動作を意識した機能的なトレーニングの重要性が指摘されています．

### まとめ

◆ 高齢者の筋肉や腱の長期のトレーニング効果は頭打ち傾向にあり，若返りなどは強く望めない．マスターズ競技者のパフォーマンス向上には，けがをしない程度の高強度での運動を，できるだけ競技中の運動動作やそれに近い姿勢で行うことが重要である．パフォーマンスを維持し，加齢に伴う身体機能の低下をいかに抑制できるかが重要なポイントとなる．

chapter 1　sportsscience 1.21　遺伝子とトレーニング　　解説●福　典之

# 遺伝的な体質で適正種目の選択や効果的なトレーニング方法がわかるの？

## ●運動能力と遺伝

　ある特定のスポーツ競技に対して毎日のようにトレーニングを積めば，トレーニングを積まない人よりは上手くなります．しかし，オリンピアンになるといった，あるレベル以上の能力を発揮するためには，その人の生まれながらに有する才能，すなわち遺伝要因も影響しているはずです．運動能力は，複数の遺伝要因とトレーニング量などの環境要因によって決まると考えられています．双子を対象とした調査において，競技力の遺伝率は66％であると報告されています．このように，競技力を決める要因として遺伝要因が影響していることは疑いの余地がないことです．そして，遺伝要因の何が運動能力に関与しているのかを具体的に明らかにできれば，遺伝情報を元にした適正競技の選択や個別対応型トレーニングに応用できる可能性があります．

## ●運動能力に関与する遺伝子多型

　1998年に血圧の調節に関わるアンジオテンシン変換酵素の個人差（遺伝子多型）が運動能力に関与するとの知見が報告されたのをきっかけに，これまでに120種以上の遺伝子多型と運動能力との関連性が報告されています．遺伝子多型の影響は，アフリカ人やヨーロッパ人・アジア人といった民族によって異なるとの報告が多く，これまで報告された120種の運動能力に関連する遺伝子多型の中で，日本人において競技力に関連するとわかっている遺伝子多型は10種程度です．本項では特に，速筋線維において筋肉の収縮や構造に関わる $\alpha$-アクチニン3を作る遺伝子（ACTN3）について着目します．

## ● ACTN3遺伝子のR577Xと遺伝子多型

　$\alpha$-アクチニンは，$\alpha$-アクチニン2と3の2種類が骨格筋において発現しており，筋収縮や骨格筋の構造維持に重要な役割を果たしています．$\alpha$-アクチニン2はすべての骨格筋線維に発現しますが，$\alpha$-アクチニン3は速筋線維にのみ発現しています．ACTN3遺伝子の577番目のアミノ酸がR（アルギニン）からX（終止コドン）に変化する個人差（R577Xという遺伝子多型）があり，その違いによりRR型，RX型，XX型の3種類の型に分類されます．

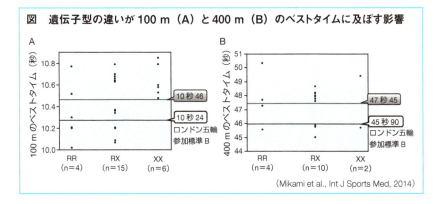

図 遺伝子型の違いが100 m (A) と400 m (B) のベストタイムに及ぼす影響

(Mikami et al., Int J Sports Med, 2014)

　著者らは，この遺伝子多型が日本人陸上競技選手を対象に競技力に及ぼす影響を検討しました．男子100 m選手の自己記録を遺伝子型ごとに観察すると，XX型の全員が全体平均のタイムより遅く，2012年ロンドン五輪の参加標準記録を切っている選手はいませんでした（図A）．一方，男子400 m選手では，どの遺伝子型でもロンドン五輪の参加標準記録を切っている選手が存在し，記録の違いは遺伝子型間で認められませんでした（図B）．このように，ACTN3遺伝子の多型は，瞬発系の競技でも特に早い筋収縮が求められる競技に影響する可能性があります．この多型を選手の適正種目の選択に利用するならば，XX型を有する選手は100 m走というよりはむしろ距離の長い400 mを専門種目として選んだほうが競技者として成功する確率が高いことになります．

　また，RR型やRX型を有する者では，XX型を有する者より外側広筋の速筋線維の割合がわずかに高いことや筋断面積が大きいこと，高強度運動後の筋損傷の程度，すなわち血中クレアチン濃度が低いことが報告されています．このようなACTN3遺伝子多型の特性を考慮すると，この多型のXX型を有する者が高い強度のトレーニングをすると筋損傷の程度が比較的高い可能性があります．したがって，運動強度を下げて，頻度を増やすことで総運動量を確保するインターバルトレーニングが有効かもしれません．

　しかしながら，この多型は競技力に及ぼす寄与率は数％程度であり，この多型のみで競技力やトレーニング効果を推定するには不十分です．したがって，直接消費者に提供される遺伝学的検査の安易な利用には注意が必要です．

### まとめ

◆運動能力は環境要因と遺伝要因の両方の影響を受ける．
◆α-アクチニン3遺伝子（ACTN3）の多型は，特に瞬発系の運動能力に影響する．
◆しかしながら，この遺伝子多型のみで運動能力のすべてを説明できない．

# chapter 2

# 試合で勝つための使えるスポーツサイエンス

chapter 2 | sportsscience 2.01 | ピーキング・テーパリング | 解説●小林秀紹

# パフォーマンスを整えるピーキング・テーパリングとは？

　ピーキングとテーパリングは，試合時の競技パフォーマンスを上げるための調整方法です．ピーキングとは，目標とする試合や大会に向けて身体面，精神面，栄養面などを管理し，コンディションを調整する方法の総称です．また，テーパリングは「先細り」または「徐々に減らす」ことを意味し，全般的なトレーニング量を減らすピーキングの主要な調整方法です．テーパリングの考え方はシンプルです．体力を落とさず疲労を減らし，試合や大会に臨むための最適なコンディショニングの状態を見つける取り組みがテーパリングです．

●**テーパリングで調整するトレーニング負荷の変量**

　テーパリングで調整するトレーニング負荷の変量として，**トレーニング量**(種目，移動距離，挙上重量の総和等，頻度を除くトレーニング時間を含めた総量)，**トレーニング頻度**，**トレーニング強度**が挙げられます．水泳，ランニング，自転車等の競技では，テーパリング期のトレーニング量は一般に通常の50～90％に設定されますが，研究のまとめでは通常の41～60％にすることが，パフォーマンスに良い影響をもたらすと報告されています．トレーニング頻度は競技によって異なりますが，多くの場合，通常のトレーニング頻度の80％以上を保つことによって生理的応答や技術の水準を維持することができると言われています．トレーニング強度は，テーパリング期間においても通常の水準を維持すべきで，特に持久系の競技において7割（70％ $\dot{V}O_2max$）未満の運動強度ではパフォーマンスを低下させる可能性があり，9割（90％ $\dot{V}O_2max$）以上の高い強度によって超回復が期待されます．筋力やパワー系のアスリートにおいても，テーパリング期間は高強度のトレーニングを行うことによって筋力が向上するとされています．

●**テーパリングの種類**

　テーパリングの仕方は主に3つのタイプに分けられます（図）．①テーパリング期間のはじめから少ないトレーニング量で行う方法（Step taper），②直線的にトレーニング量を減らす方法（Linear taper），③曲線（指数）的にトレーニング量を減らす方法（Exponential taper）です．曲線的なタイプは2種類ありますが，早めに負荷を低下させるテーパリングの効果が高いと報告されています．

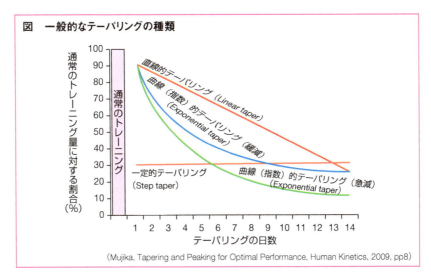

図　一般的なテーパリングの種類

（Mujika, Tapering and Peaking for Optimal Performance, Human Kinetics, 2009, pp8）

　一般に普段のトレーニング負荷が高い競技においてはテーパリングの期間が長く，トレーニング負荷の低い競技においてはテーパリングの期間をそれほど長く設定する必要はありません．また，テーパリングは主にトレーニング負荷の変量を調整し，体力の水準を見極めて設定しますが，ホルモン分泌や生化学的反応，心理学的反応，あるいは神経系の反応も関連するため個人差が大きく，選手個別の対応が大切になります．つまり，テーパリングは選手個別の状況に応じて試行錯誤的に設定することになります．さらに，年間のスケジュールによってテーパリングの期間を逐一設定すると，トレーニング期間がなくなりフィットネスの水準が低下することになるため，優先順位を決めた柔軟な計画のもと，テーパリング期間を設定する必要があります．

●テーパリングの効果

　適切なテーパリングによって筋力やパワーは2割程度向上することが期待されます．また，速さや重さなどの記録がそのまま競技成績となる水泳やウエイトリフティング等の競技では，テーパリングによって競技パフォーマンスの約3％（0.5〜6％）が向上すると報告されています．これは僅かな効果のように思えますが，コンマ何秒あるいは数グラムを争う競技スポーツではメダルの色を左右するほどの影響力になるのです．

> まとめ
>
> ◆テーパリングの期間は一般的に1〜2週間で計画する．
> ◆全体的なトレーニング量は直前の4〜6割に減らす．トレーニング強度はあまり下げない．トレーニング頻度は直前の8割以上を維持する．

# 心理的に最高の状態で試合に臨むにはどうしたらいいの?

● 最適な心の状態は人によって異なる —"心理的ゾーン"を探る—

　ここ数年で最もよかった試合のことを思い出してみてください．気持ちが乗りにのって，頭はよく働き，一心不乱に競技に臨んで素晴らしいパフォーマンスを発揮できたことがあるかと思います．こうした状態を「心理的ゾーン」や「ピークパフォーマンス」などと呼び，「心身のリラックス・肯定的な感情」「好調さ」「自信」「意欲・興奮」「集中」「安全感」（中込，1990）などのほか，「自己の超越（意外性）」や「動きの自動化」（吉村，1986）といった状態として説明されています．また，「心理的ゾーン」は図の「逆U字仮説（Yerkes and Dodson，1908）」によってよく説明されます．図中の心理的ゾーンでピークパフォーマンスが発揮されるわけですが，この最適なゾーンは，誰にでも共通の状態があるわけではなく，同じ競技をしている選手であっても，覚醒状態が高いほうがいい人も低いほうがいい人もいます．例えば格闘技選手でも，試合前の最適状態は，極度の興奮状態という人も沈着冷静という人も両方が存在します．

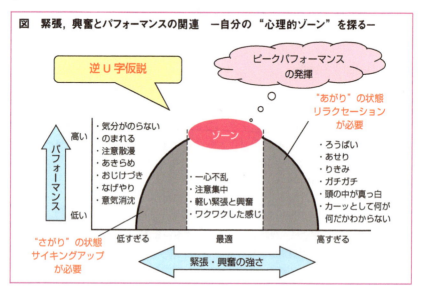

図　緊張，興奮とパフォーマンスの関連　—自分の"心理的ゾーン"を探る—

● **リラクセーション？　サイキングアップ？**

　さらに，最適なゾーンが人によって異なるだけでなく，パフォーマンスを崩すパターンも人によってそれぞれです．図にあるようにゾーンから外れてしまって，右側のグレーの部分に入ってしまうと，「あがり」の状態，左側のグレーの部分に入ってしまうと，「さがり」の状態になってしまい，いずれもよいパフォーマンスは発揮できません．そして，私がチームに対して講習などでこの話をして，「普段パフォーマンスを崩す時はどちらのパターンが多いですか？」と尋ねると，大体「あがりが6：さがりが4」くらいの比率になることがとても多いのです．つまりは，心理的に最適な状態に持っていくために「リラクセーションが重要」と考えがちですが，半数近くにのぼる「さがり」の人にはリラクセーションは適切な対処ではなく，リラクセーションと全く逆のサイキングアップという対処で，むしろ覚醒や緊張を上げていかなくてはならないのです．適切な対処をするためには，実はこの「セルフモニタリング」という，自分の心の状態を正確に把握する作業がとても重要なのです．自分がピークパフォーマンスを発揮した時の心理状態を詳細に探り，さらにパフォーマンスを崩してしまうパターンを知っておき，そのうえで心の状態を常に自分で正確に把握しておかなくては，適切な対処をすることは難しいということになります．

● **適切な心理状態に持っていくための「自分だけの」ルーティンを作ろう**

　さて，上記のような「セルフモニタリング」ができて，自分に必要な対処がわかったら，次はもっと具体的な対処方略を探していきます．どのようにして探すかというと，まずはうまくいかない試合の局面で，いつも陥ってしまう心の状態を振り返り，その時に「自分なりに」やっていた対処の中から，よい「ルーティン」がないかな，と探していきます．もともとは「ゲン担ぎ」や「おまじない」のつもりでやっていたことでも構いません．例えば靴を左足から履く，ということをルーティンとしている選手もいます．しかし，その「ゲン担ぎ」的な行動に，心理的な意味づけをしていくことが重要です．「左足の靴ひもを締める時に，気持ちも一緒に引き締める」などと，何らかの心理的な意味づけとともに，普段の練習から「ルーティンの練習」をして，長い時間をかけて修正などの作業もしておかなくてはなりません．

　その他，以下にルーティンとして活用できそうな心理技法の例を示します．

【リラクセーションの技法】

①**漸進的筋弛緩法**：一定時間，緊張しやすいからだの筋をぐっと緊張させ，一気に緩めることで身体的なリラックスを作り出す技法．②**腹式呼吸**：リラックスの基礎的技法．吸気では鼻からお腹の下のほうが膨らむように大きく吸い込む．呼気ではお腹がへこむように，肩の脱力感を感じながら，口から細く長く，吸うときの倍くらいの時間をかけて息を吐く．プラス暗示（例：勇気・自信・

やる気を吸い込む），マイナス暗示（例：不安，恐れ，迷い，緊張，ストレスを身体の外に吐き出す）をのせると「暗示呼吸」．③「スマイル」：笑顔は，エネルギーを与えてくれる．また，笑いの効果は，医学の世界でも利用されている．

【サイキングアップの技法】
①勢い呼吸：試合の直前にふーっと一息，大きく息を吹き出して，試合に集中．
②セルフトーク：自分を奮い立たせる言葉（尊敬する選手や同僚などの言葉でもよい）を声に出して言う，心の中で唱える，帽子のつばなどに書く．③動作・姿勢を変える：「胸を張る，肩を開く，目線を上げる」など，態度を変えることによって，積極的な気分をもたらす．④リフレーミング（ものの見方・考え方を変える）：年齢や時間など物理的に同じものでも，「もう」か「まだ」かで心理的に感じることは違う．見方を変えてみる．その他に専用の音楽を聴く，大きな声を出す，体の各部を叩くなどの方法も効果的．

● 試合に臨むときは，「特別なこと」をせず，「いつも通り」

　以上，対処法としてルーティンを紹介しましたが，ここで注意が必要なのは，これらは誰にでもすぐに効く「魔法」ではない，ということです．例えばラグビー日本代表五郎丸選手の手を合わせるようなルーティンが有名ですが，あの方法は，「彼にとって」は極めて重要な方法ではあるけれども，誰もがあの方法でうまくいくわけではない，ということです．逆に普段練習の中で取り入れたこともないのに，試合で緊張した時に，「ポーズ」だけを真似してみても，むしろ失敗する可能性のほうが高いのです．

　オリンピックなどの国際総合競技会に臨む選手に，実力発揮のために何かしているか，ということを聞くと，多くの人が「いつも通り」と言います．これは，普段の練習の心理状態で試合に臨む，ということと，大事な試合だからといって特別な何かをしない，ということでもあります．ルーティンをいきなり「おまじない」のようにして使うことは「特別なこと」になってしまう可能性が大きいのです．

　ルーティンの動きの多くは，動きそのものには意味はありません．心を適切な状態に持っていくための「心理的な意味づけ」の作業と，普段の練習でもルーティンを取り入れて「習慣化」し，試合の時に「いつも通り」の感覚でルーティンが使えるようにしておきましょう．

> まとめ
>
> ◆試合での実力発揮に最適な心の状態とその対処は個人により大きく異なる．
> ◆緊張を下げる（リラクセーション）のか，高める（サイキングアップ）のか，必要な対処を明らかにすることが大事．
> ◆ルーティンは魔法ではない．練習の中に取り入れて，使いやすいように修正していく作業が必要となる．

# 試合日に向けて何をどのように食べるべきか？

chapter 2 / sportsscience 2.03 / 食事 / 解説●田口素子

　試合前調整期にはそれまでの疲労回復と体重増加に配慮しながら，筋グリコーゲンを蓄えるための炭水化物摂取をすることが基本です．しかし，種目特性や試合スケジュールなどによっても食べ方は変わりますので，ここでは共通する基本的なポイントについて解説します．

### ●遠征先の食環境を事前にチェックしよう

　多くの場合，遠征時にはホテルや旅館に宿泊することになると思います．そこで，事前に食事内容を確認し，可能であれば内容や時間に関しての希望を伝え，調整をしておきましょう．また，移動中の食事場所，現地に補食などを購入できるスーパーマーケットやコンビニエンスストアがあるか，弁当などの調達方法についても，必要に応じて事前にチェックしておきましょう．

### ●試合前調整期の食事ポイント

　試合前に筋グリコーゲンレベルを高めるための食事法として，グリコーゲン・ローディング法が知られています．しかし，これは持続時間にして1時間以上の持久系種目の選手にメリットがあるとされており，誰にでも必要な試合前の食事調整法ではありません．一般的には，試合の2～3日前からいつもよりやや炭水化物源となる主食を多めに摂取するよう意識し，脂っこいおかずと調理法は控えた胃腸にやさしいあっさりめの料理がおすすめです．特にジュニア選手では試合への緊張感から消化吸収能力が低下したり，体調を崩したりしやすい時期です．試合に向けて特別な献立にする必要はなく，食べなれた食品を組み合わせて，バランスの良い食事となるよう心がけてください．

　ただし，安全性は最も大切な試合前の食事ポイントであることを忘れないでください．下痢をしやすい牡蠣，生魚や甲殻類，香辛料がたくさん使われている料理などの摂取は控えましょう．普段から牛乳を飲むとおなかが緩くなりがちな方は，試合前調整期には無理して飲む必要はありません．また，試合前調整期に便秘や下痢などの胃腸トラブルを起こすこともあり，その場合は水分補給とともに，野菜などから食物繊維を取るなどの工夫をしてください．しかし，ガスを発生させやすいようなサツマイモやゴボウなどの野菜，豆類などは避けたほうがよいでしょう．

　試合前に減量が必要な場合，極端な脱水や絶食による急速減量はできるだけ

避けたいものです．試合日に向けて徐々に体重と体脂肪を絞るよう，計画をたてて実施する必要があります．

## ●試合前夜の高炭水化物メニュー例

炭水化物はごはん，パン，うどんやスパゲティー，シリアル，かぼちゃやじゃがいも，果物などに多く含まれています．したがって，これらの食品を組み合わせて食べると高炭水化物の食事となります．ごはんはおにぎりやすし飯にしたり，炊き込みご飯などにすることにより食べやすくなります．それにミニうどんやにゅう麺などを組み合わせます．パン食の場合には，脂肪の多いパンを避け，シリアルや果物を組み合わせましょう．主菜としては肉や魚の量は普段より少な目でよく，脂の多い肉や揚げ物などの調理法は避けてください．また，野菜料理は生野菜よりも火を通したもののほうがより安全です．果物は補食として摂取してもかまいません．緊張などにより夕食がたくさん食べられない時には，消化のよい煮込みうどんやスープなどを夜食として摂取してもかまいません．表に高炭水化物のメニュー例を載せましたので，参考にしてください．

表　試合前夜の高炭水化物献立の一例

| 献立名 | 分量 | 主な材料 | ポイント |
| --- | --- | --- | --- |
| 五目炊き込みご飯 | 丼1杯 | 米，鶏肉，ニンジン，しいたけ，こんにゃく，油揚げ，さやいんげん，だし汁，しょうゆ | ご飯は味をつけると食べやすくなります．市販の炊き込みご飯の素を利用してもOKです． |
| にゅうめん | 汁椀1杯 | そうめん，かまぼこ，青ネギ，めんつゆ | 汁気があると食べやすく，他の麺類やパスタを組み合わせることも可能です． |
| 白身魚のホイル焼き | 一人前 | たら，玉ねぎ，ピーマン，ニンジン，バター少々（あればレモンやパセリ） | たら以外に鮭や鶏肉（皮なし）でも．家にある野菜やきのこ類を利用してもよいでしょう． |
| フルーツヨーグルト | 小鉢1杯分 | バナナ，キウイフルーツ，オレンジ，ヨーグルト，はちみつ | 季節の果物を活用しましょう． |

▶この献立でとれる栄養価　エネルギー　約 1000 kcal
　　　　　　　　　　　　　たんぱく質　約 40 g
　　　　　　　　　　　　　脂質　約 10 g
　　　　　　　　　　　　　炭水化物　約 200 g

### まとめ

◆試合前調整期には，エネルギー源となる炭水化物源の食品を組み合わせて食べることがポイント．特別な献立ではなく，普段から食べなれたものをバランスよく食べ，コンディション調整をする．

◆胃腸障害などを起こさないよう，安全性に配慮した食品選択をする．

# 試合当日は特別な食事が必要か？

## ●朝食は試合開始の3〜4時間前までに

試合当日の食事は，競技スケジュールにより大きく異なります．

試合日の朝食は，試合開始時刻から逆算して3〜4時間前までに炭水化物中心の食べ慣れた食事を摂取することが原則です．国際大会に出場する選手が朝スタートのレースに合わせて真夜中に起きて食事をしたという話も聞きますが，特にジュニアではそこまでの配慮は必要ありません．図1に示したように，炭水化物が多めで脂質は少なめにした食事を摂りましょう．また，試合会場まで移動に時間がかかる場合は，車中でも手軽に食べられる一口サイズのおにぎりやバナナ，エネルギーゼリーなどを用意しておくとよいでしょう．

## ●試合に開始に合わせて栄養補給

試合開始までの栄養補給の仕方を図2に示しました．食事をした後，食べられる場合は試合開始2〜3時間前にもスポーツドリンクやおにぎり，小さめのパンなどを補給してもかまいませんが，胃腸の状況により判断してください．無理に食べる必要はありません．また，1〜2時間前も同様に，果物やエネルギーゼリーなどを状況に応じて補給してください．この時点では固形物をたくさん食べることは避けましょう．そして，すべての競技で試合開始の30分くらい前に，コップ1〜2杯のスポーツドリンクを飲んでおくようにしてください．スポーツドリンクであれば水分のみでなく炭水化物と電解質の補給もできます．暑い時期に試合が行われるような場合，ジュニア選手が凍らせたペットボトルを持参することがありますが，飲む時に凍った状態のものは好ましくないので注意してください．

**図1　試合当日の食事例**

田口素子監修：東京都スポーツ文化事業団発行 Nutrition より

● **試合が続く時の補給法**

　1日に複数回の試合が続く場合，栄養補給はタイミングが重視されます．最初の試合が終わってすぐ炭水化物を補給するとよいとされています．筋グリコーゲンの速やかな回復のためには，1時間当たりにつき体重1kg当たりで約1gの炭水化物を補給することが推奨されています．60kgの人なら，おにぎり2個を食べれば必要な炭水化物が補給できます．しかし，次の試合までに空き時間が短い場合には，固形物は避けたほうが無難です．図2を参考に，次の試合開始までの時間により，補給する食品や量を考えましょう．ただし，いずれも食べすぎには注意しましょう．

● **次の日のリカバリーのために**

　試合が終わったら，使ったエネルギーや栄養素を速やかに補給し，疲労を素早く回復させたいものです．筋グリコーゲンの回復には，試合前と同様に炭水化物をしっかりと補給することが大切です．また，疲労回復のためにビタミンやミネラル類も同時に補給することをお勧めします．つまり，試合後には炭水化物，たんぱく質，ビタミン，ミネラルがバランス良く含まれる食事を摂取すればよいということになります．そして，しっかり睡眠をとり疲労を残さないようにしてください．p.41に示した「食事の基本形」を参考にしてください．

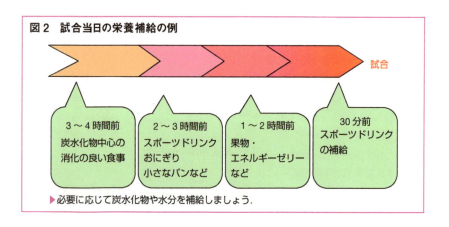

図2　試合当日の栄養補給の例

- 3～4時間前　炭水化物中心の消化の良い食事
- 2～3時間前　スポーツドリンク　おにぎり　小さなパンなど
- 1～2時間前　果物・エネルギーゼリーなど
- 30分前　スポーツドリンクの補給

試合

▶必要に応じて炭水化物や水分を補給しましょう．

**まとめ**

◆試合当日の食事は，試合開始時間から逆算して，競技による試合進行に合わせて適宜水分と炭水化物の補給を行う．
◆試合間の補給や試合後のリカバリーのための補給ポイントはほぼ同じ．緊張度合いや季節によっても飲食量は影響されるので，各自に合う補給法を見つける．

chapter 2　sports science 2.05　試合当日のコンディショニング　解説●山口太一

# 試合前のウォーミングアップのポイントは？

## ●ウォーミングアップの効果

　ウォーミングアップの主な効果は体温上昇により身体の機能を高めることです．例えば，筋で酸素が使いやすくなったり，筋が伸び縮みしやすくなります．また，神経から筋への伝導および伝達速度が速くなったり，エネルギーをうまく作れるようにもなります．一方，体温の上昇に関係なく，エネルギーの無駄遣いを防いだり，筋へ流れる血液量を増やし酸素を送りやすくしたり，筋を興奮させ力の入りやすい状態にしたり，心理的な準備としての効果もあります．

## ●ウォーミングアップの方法

　**受動的ウォーミングアップ**：マッサージや温水浴が代表的な方法です．この方法だけでは不十分である場合が多く，以下の方法と組み合わせて実施します．
　**一般的ウォーミングアップ**：ウォーキングやジョギング，ストレッチングなどが含まれます．すべての競技に共通して実施すべきウォーミングアップです．
　**専門的ウォーミングアップ**：一般的ウォーミングアップの後に実施される，各競技に必要な体力や競技の動作などを考慮したウォーミングアップです．

## ●10秒未満の高強度運動からなる競技前

　運動で利用される主なエネルギー源であるクレアチンリン酸をなるべく浪費せずに，筋の温度，すなわち筋温を高める必要があります．そのためにジョギング等は，最大酸素摂取量の40～60％の強度（図1）で10～20分間実施します．加えて，実際の運動強度に近い高強度の運動を実施しておくことも重要です．ただし，高強度運動のウォーミングアップを行うと一時的に疲労が生じるため，ウォーミングアップ終了から競技開始までに5分程度の休息時間が必要となります．一方で，高強度運動のウォーミングアップ効果の持続時間は15分程度と短いため，ウォーミングアップ終了から競技開始まで15分以上空かないように心がけなければなりません．

## ●10秒以上の最大下強度の運動からなる競技前

　からだの内部の温度，すなわち，深部（核心）温を高める必要があります．これは体温上昇に伴うウォーミングアップ本来の効果を導き出すことはもちろんですが，運動のパフォーマンスを低下させるおそれのある競技開始時の急激な体温上昇を防ぐ効果もあります．また，利用する筋に酸素をたくさん送れる

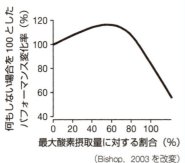

図1 ウォーミングアップの強度（最大酸素摂取量に対する割合）と10秒未満の高強度運動のパフォーマンス変化率との関係

（Bishop, 2003を改変）

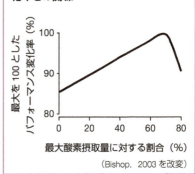

図2 ウォーミングアップの強度（最大酸素摂取量に対する割合）と10秒以上の最大下運動のパフォーマンス変化率との関係

（Bishop, 2003を改変）

ようにしておくことも重要です．そのためにジョギング等は，最大酸素摂取量の70%の強度（図2）で10分程度実施します．また，最大下強度の運動前のウォーミングアップ直後も一時的に疲労が生じるため，競技開始まで5分程度の休息時間が必要です．

● 暑い日や寒い日は？

暑い日は体温の上昇しすぎにより運動パフォーマンスが低下します．そこで，ウォーミングアップ前には体温を低下させるプレクーリングを行うことが推奨されています．以前よりアイスパックの利用やクーリングベスト（アイスパックを入れたベスト）の着用によりからだを外側から冷やす方法が用いられてきました．さらに近年では，アイススラリー（水分とかき氷が混ざった飲料）を飲んで，からだの内側から冷やす方法も推奨されています（p.77 Q2.08参照）．

一方，気温が低い日には一般的なウォーミングアップのみでは体温が上がりにくいため，あらかじめ温水浴などの受動的ウォーミングアップで身体を温めてから，一般的ウォーミングアップに臨みます．また，ウォーミングアップ中も暖かいウエアを着て，なるべく体温が上昇しやすくすると良いでしょう．

### まとめ

◆ ウォーミングアップは試合の5分前までには終えなければならない．
◆ 一般的ウォーミングアップの内容は競技の運動強度と時間を考慮して決定する．また，環境温によってウォーミングアップの内容を見直す必要もある．

chapter 2 | sportsscience 2.06 | 試合当日のコンディショニング | 解説●島 典広

# パワー系種目のパフォーマンスを向上させる直前の調整法ってあるの？

## ●活動後増強

　筋力発揮前後に電気刺激で筋そのものの収縮力を比較してみると，前よりも後のほうが，素早くかつ大きな力を発揮できることが知られています（図1）．この現象は活動後増強（Postactivation Potentiation）と言われており，高強度の筋収縮後にミオシン軽鎖のリン酸化による筋収縮興奮メカニズム（興奮収縮連関：Excitation-Contraction Coupling）が促進されることで発揮筋力や収縮速度を高めることができると考えられています．このことを利用して，特にパワー系種目のパフォーマンスを向上させることができるかもしれません．

## ●試合直前のウォーミングアップとして

　活動後増強は持久力よりも垂直跳びなどのパワー向上に効果が見られるた

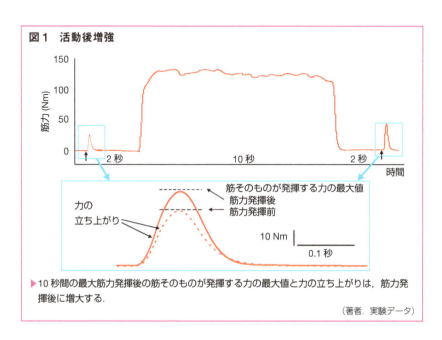

図1　活動後増強

▶10秒間の最大筋力発揮後の筋そのものが発揮する力の最大値と力の立ち上がりは，筋力発揮後に増大する．

（著者，実験データ）

め，跳ぶ，投げる，走るなどの短い間に筋力発揮を必要とする動作への応用が期待できます．トレーニングはしっかりと行っているにもかかわらず，試合当日になると実力が出し切れていない場合は，活動後増強を利用する価値があります．

● **より高いトレーニング刺激を得る方法として**

高負荷を用いたレジスタンス・トレーニング後に続けて，動作様式に類似したプライオメトリックス・トレーニング\*を行うコンプレックス・トレーニングとして活動後増強の理論は応用されています．つまり，爆発的な（短い間に大きな）筋力発揮が必要なプライオメトリックス・トレーニングにおいて，より高いトレーニング刺激を得るために利用します．

\*プライオメトリックス・トレーニング：ドロップジャンプ（高いところから飛び降りてすぐにジャンプ）や連続ジャンプなど，素早い伸張性の筋活動直後に短縮性の筋活動を行うと，短縮性筋活動だけの時よりも短時間でより大きな力が発生しやすいという性質を利用したトレーニング．

● **適切な負荷強度は**

一回最大挙上重量（1RM）の80％あるいは40％の負荷で仕事量を同じにするため，80％1RMでおよそ8回前後挙上できたので，40％1RMではその倍の16回前後挙上させ，活動後増強の影響を比較してみると，40％1RMでも5分の休息時間後にパワーの向上が認められました（島ら，2006）．しかし，80％1RMよりも上昇率は低く10分後には効果は消失していました（図2）．活動後増強の効果がどれくらい残存するかを考えると，低強度よりも高強度のほうがより高い効果がありました．速筋線維が活動後増強に影響していると報告されており，速筋線維を活動させるような高強度の筋活動がこのような結果につながったと考えられます．

● **効果が期待できる休息時間は**

筋活動させてからどのくらいの休息時間を取ると良いのでしょうか？　活動後増強が，ジャンプ能力に及ぼす影響を調べました．ジャンプ能力の論文を集め，メタアナリシス（メタ分析）という方法を行った研究によると，休息時間が8～12分で有益な効果がみられるものの，4～7分，あるいは16分以上ではほとんど効果がなくなり，直後から3分はむしろクレアチンリン酸の再合成が不十分なためジャンプ能力が減少すると報告されています（Gouvêaら，2013）．3Dモーションキャプチャーシステムと床反力計を用いたスクワットジャンプのパワーを計測した筆者らの研究でも（島ら，2006），1分と3分の休息による低下は見られず，10分の休息後で最もパワーが高く，次いで5分の休息後であり，20分の休息後には効果は消失していました（図2，80％1RM）．このことから，休息時間は10分前後がパワー系種目のパフォーマンスの向上が期待できると考えられます．

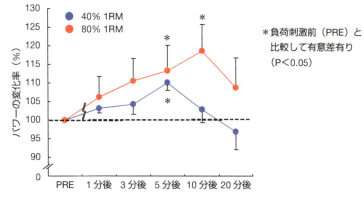

図2 活動後増強によるパワーの向上．平均値±標準誤差

▶40％1RM（●）および80％1RM（●）のスクワット運動前後のスクワット・ジャンプ動作中のパワーの経時的変化（相対値）．

（島ら，2006）

## ●注意点

事前の筋活動が高強度で激しいために，実際には増強効果と筋疲労とが同時に存在しているので，活動後増強の効果を利用するにあたっては注意が必要です．したがって，活動後増強の効果を最大限に得るためには，高強度の筋収縮後のいわゆる筋疲労回復能力が重要となります．筆者らが実験を行っていくうえでも，スクワットの1RMが体重の1.5倍未満の選手からは活動後増強の効果が認められませんでした．また，多くの研究報告でもレジスタンス・トレーニングを日常的に実施している者を対象としています．速筋線維の活動性が活動後増強の効果を得るための鍵でもあり，まずはレジスタンス・トレーニングで1RMを高める必要があると思われます．

### まとめ

◆試合前のウォーミングアップ，あるいは，より高いトレーニング刺激を得るために活動後増強は利用できる．
◆負荷は低強度でも効果が得られるが，高強度よりも増強効果は低く，効果が長続きしない．
◆誰でも効果が得られるものではない．速筋線維の活動性の増加や筋疲労を素早く回復できる能力が鍵であり，そのためにも日常的にレジスタンス・トレーニングを実施している必要がある．

chapter 2 | sportsscience **2.07** | 試合期の スポーツ傷害予防 | 解説●下河内洋平

# 試合期のけがを予防するにはどうすればいいの？

## ●スポーツ傷害*の種類

　スポーツで生じる傷害は，大きく急性外傷と慢性障害の2つに分けることができます．例えば，関節の靭帯損傷である捻挫や肩関節の脱臼などは，**急性外傷**に含まれます．長期間のランニングなどにより，いつの間にか生じた膝痛などは，**慢性障害**に入ります．急性外傷の場合は，その傷害が生じた原因や損傷部位が明確であることが多いため，対処法が比較的明確であるという特徴があります．一方，慢性障害の場合，その痛みが生じたメカニズムや痛みの原因が明確でないことが多く，その対処方法も不明確であることが多いのが特徴です．一般に，スポーツ傷害などにおいては，慢性障害のほうが急性外傷と比較し，その発生原因が明確でないため，評価やケアが難しいといわれています．

　　\* 英語において「injury」という言葉は，急性外傷と慢性障害の両方を意味する言葉として用いられています．しかし，日本語においては，injuryに対応する言葉がありませんでした．そこで，近年，スポーツ医学界では，「傷害」という言葉を，英語の「injury」に対応する言葉として用いるようになりました．

## ●スポーツ傷害発生の危険因子とその予防の関係性

　スポーツ傷害予防とは，それが急性外傷か慢性障害かにかかわらず，ある特定の傷害を引き起こす可能性を高める因子，すなわち，危険因子の除去や修正を行う行為です（図1）．この傷害の危険因子には，私たちの身体に内在する内的危険因子と，スポーツを行う環境や条件などが原因となる外的危険因子の2種類があります．内的危険因子には，例えば，X脚やO脚，偏平足などの骨配列，神経や筋肉の機能，動きのパターン，関節の緩さ，性ホルモン，性別などがあります．外的危険因子には，シューズの質や種類，地面や床の硬さ，または摩擦の大きさ，練習量や質などが含まれます．スポーツ傷害の種類によって危険因子の種類は異なりますし，人や練習環境によって，どの危険因子を有するかも異なります．さらに，スポーツによって，生じやすい傷害と生じにくい傷害というものも異なります．例えば，足関節や膝関節の靭帯損傷は，球技スポーツにおいては頻繁に生じますが，競輪などにおいてはほとんど生じません．すなわち，スポーツ傷害予防のためにアプローチするべき危険因子は，人によってもスポーツによっても，さらには環境によっても異なります．

## ●試合期のスポーツ傷害予防はどうするべきか

　通常，試合期におけるスポーツ傷害予防を行うためには，大きく，事前に長

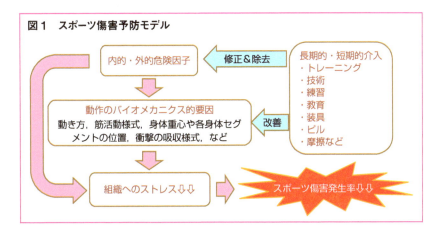

**図1 スポーツ傷害予防モデル**

期的に危険因子の修正を図る**長期的介入**と，運動を行う時のみ，短期的に危険因子に介入を行う**短期的介入**の2つの方法があります．試合期におけるスポーツ傷害の予防を考える場合には，これら長期的介入方法と短期的介入方法の両面から予防の可能性を検討し，対策をたてることが必要です．

【急性外傷の予防】

急性外傷は，ある組織に過剰な力が加わった時に生じます．力の大きさや方向は，ある物体の質量と，その物体の加速度の大きさと方向の積と一致します．したがって，急性外傷は，加速度または減速度が最も大きくなる動作の動きはじめ，もしくは，急激なストップ動作時などに頻繁に生じます．例えば，球技スポーツなどで頻繁に生じる膝関節前十字靱帯損傷などの下肢の急性外傷などは，ジャンプからの着地や走動作からの方向転換時など，急激な減速を伴う動きを行った時に頻繁に生じます．しかも，このような急性外傷は，着地などの接地後，約0.04秒程度で生じると考えられており，この時に最大となる地面からの衝撃の大きさや脛骨に対する方向が，このような急性外傷の発生に大きくかかわっていると考えられています．例えば，着地の仕方によっては，たった30〜45cmの高さからの片脚着地であっても，身体が地面から受ける衝撃の大きさは，体重の6倍以上になってしまうことがあります（図2）．

このような急性外傷を予防するためには，① 運動中に特定の組織が過剰なストレスを受けないように，動き方や筋肉の使い方を修正する，② 大きなストレスに耐えられるように，損傷しやすい組織の強度を高める，③ 衝撃吸収や力の発揮を安全に行うことができるように，筋機能を十分に高める，ということなどが対策として考えられます．

例えば，女性アスリートは男性アスリートと比較し，膝関節の急性外傷の発生が数倍多いことが知られています．その理由の一つに，女性アスリートの多くは，

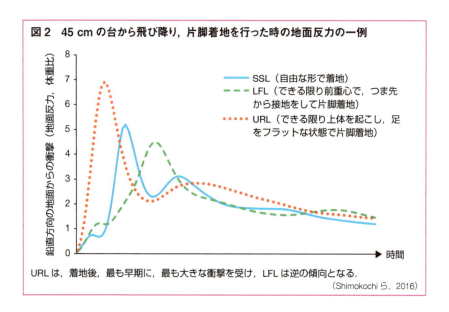

図2 45 cm の台から飛び降り，片脚着地を行った時の地面反力の一例

URL は，着地後，最も早期に，最も大きな衝撃を受け，LFL は逆の傾向となる．

(Shimokochi ら，2016)

着地動作など，股関節，膝関節，足関節（下肢三関節）の屈曲動作により衝撃吸収を行う場合，股関節による衝撃吸収率が非常に低く，ほとんどの衝撃吸収を膝関節で行う傾向にあることが報告されています．このような場合，下肢三関節でバランスよく衝撃吸収が行えるように，事前にトレーニングしておくことが必要です．具体的には，下肢三関節の屈曲-伸展動作の典型であるスクワット運動などにおいて身体重心を上下動させる時に，上体と下腿の前方への傾きが同等になるように行えるようにするとよいでしょう．また，実際のプレー中には，衝撃吸収時や加速動作に，最も大きなストレスが下肢の筋や腱，骨などの組織にかかります．このような大きなストレスに耐えられるからだづくりのために，シーズンオフ中に，高負荷でのスクワット系トレーニングや，ジャンプ系トレーニングなどを行い，下肢の筋や腱，骨などの強度や太さを十分に増やしておくことも重要です．さらに，一連のバイオメカニクス的研究により，膝関節の靱帯損傷を防ぐためには，十分な膝屈曲角度で衝撃を受けることが必要であることがわかっています．しかし，下肢筋力が不十分であると，衝撃吸収時に十分な膝屈曲を行うことができず，靱帯損傷の危険性が増大します．したがって，深い膝屈曲角度によるスクワット系トレーニング（例：パラレルスクワットなど）を，正しいフォームで，しかも高負荷で行えるようになっておくことも，試合期の膝の急性外傷予防においては非常に重要です．

【慢性障害の予防】

一方，歩行や走動作など，繰り返し行われる動作では，不良な動作や力の使い方が原因で，長期間にわたって特定の組織にストレスが過度にかかることが

あり，これが慢性障害を引き起こす原因になるといえます．よって，不良な動作を引き起こす原因を突き止め，神経筋機能の改善や動きの修正を図ることが，慢性障害予防には重要です．

【サポーター，テーピングなどの使用】
　しかし，トレーニングや動きの修正のみによっては改善できない骨配列の問題や，関節の緩さなどを解決することが，スポーツ傷害予防に必要な場合があります．この場合，サポーターやテーピング，足底板などで関節のサポートや骨配列の修正などの短期的介入が，その傷害の予防の有効手段になりうることがあります．例えば，足底板を靴に入れるだけで，明らかに歩行や跳躍動作などの質を改善し，膝などの慢性痛を和らげることがありますし，足関節捻挫予防のサポーターの装着も，足関節捻挫発生率の低下に貢献するという研究報告もあります．試合期にそれらを予防として使うのであれば，事前からそれらを練習中に試し，長時間運動することが可能かどうかや，痛みの軽減や動きの修正などに本当に有効であるかなどに関し，検証しておくことが重要です．

　以上のことを総合的にまとめると，試合期のスポーツ傷害の予防には，急性外傷，慢性障害両方の場合において，長期的，短期的に問題となる危険因子の除去や修正を行う対策を，事前に取ることが重要となります．そのためには，日本体育協会認定スポーツドクターやアスレティックトレーナー，アメリカNATABOC認定アスレティックトレーナーなど，スポーツ医・科学の専門家との相談のもと，自身が行うスポーツで生じやすい傷害や，その傷害を引き起こす可能性を高める内的，外的危険因子の有無を分析し，それらに対する長期的，短期的介入による対処法を検討・実行することが重要だといえます．しかしながら，現在のスポーツ医・科学研究においては，急性外傷においても慢性障害においても，危険因子が明確でないものや，危険因子が傷害を発生させるまでのメカニズムが明確でないものが多々あります．したがって，スポーツ傷害予防を目的として，内在，または外在する危険因子の分析やその修正を行う場合，断定的な姿勢でそれらを行うのではなく，柔軟な姿勢を持ち，複数の仮説を立ててアプローチしていくことが，成功への秘訣であるといえます．

◆まとめ

◆スポーツ傷害の予防は，長期的介入と短期的介入の2つの方法により，危険因子の除去や修正を行うことが必要．
◆長期的介入には，からだづくりや正しく安全な動きの習得が含まれる．短期的介入には，サポーターや足底板などで関節のサポート，骨配列の修正を行うことなどが含まれる．
◆専門家のアドバイスのもと，これらの介入を行うことが成功への秘訣．

# 身体冷却は運動パフォーマンスを向上させるか？

## ●暑熱環境下における体温上昇と運動パフォーマンス

スポーツの成績は，体温上昇に強く影響されます．競技アスリートが暑熱環境下で持久性運動を行った場合，運動中の深部体温（核心温）が約40℃になると疲労困憊して運動できなくなります（図1）．約40℃という高体温は，運動継続を制限する体温の危機的限界レベル（臨界温度）とみなされます．過度の体温上昇は，呼吸循環器系や筋代謝，脳活動や認知機能といった中枢神経系の機能不全を起こし，運動パフォーマンスの低下，ひいては熱中症など生命を脅かすことになります．そこで，あらかじめ運動前に体温を低下させておけば，40℃に至るまでの貯熱量を大きくでき，運動開始から臨界温度に達するまでの時間を延長できます．この運動前の身体冷却をプレクーリングと呼び，その方法にはアイスパック（氷），シャワー，冷水浴などからだを外部から冷却する身体外部冷却と，冷たい飲料などを摂取する身体内部冷却とがあります．

## ●身体外部冷却は運動パフォーマンスを向上させるか？

バスタブを用いた冷水浴による身体外部冷却が持久性運動能力を向上させることはよく知られています．水温約25℃で30分程度の冷水浴は，運動前の体温を

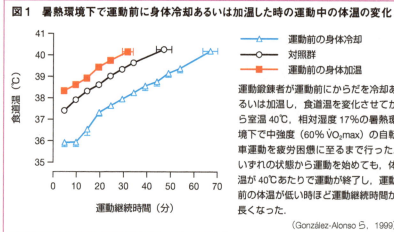

図1 暑熱環境下で運動前に身体冷却あるいは加温した時の運動中の体温の変化

運動鍛錬者が運動前にからだを冷却あるいは加温し，食道温を変化させてから室温40℃，相対湿度17%の暑熱環境下で中強度（60% $\dot{V}O_2max$）の自転車運動を疲労困憊に至るまで行った．いずれの状態から運動を始めても，体温が40℃あたりで運動が終了し，運動前の体温が低い時ほど運動継続時間が長くなった．

（González-Alonso ら，1999）

約1℃低下させ，運動中の貯熱量を増大し，心拍数や発汗量を軽減することで持久性運動能力を向上させます（図1）．特にこれらの身体外部冷却は，高強度短時間の運動よりも持久性運動（30～60分）においてその有効性が高いことがわかっています．しかし，体温や筋温には運動を適切に行うための至適温度があり，冷水浴やアイスパックにより脚部などの活動筋を冷やしすぎないよう注意すること，冷却後は再びウォーミングアップを行うなど柔軟に対処する必要があります．

また，夏季オリンピックの暑さ対策として開発された冷却材入りのクーリングベストの着用やネッククーラーを用いた頸部冷却は，運動中の体温や心拍数に影響を与えるほどの冷却効果はありませんが，快適性や温熱感覚を改善することで認知機能や持久性運動パフォーマンスを改善します．冷水浴のような身体外部冷却は，水以外に大掛かりな設備や電力が必要となる場合がありますが，クーリングベストや頸部冷却は，競技現場において比較的実用性の高い冷却方法といえます．

● 運動前のアイススラリー飲料を用いた身体内部冷却の効果とは？

身体外部からの冷却に対し，より簡便かつ実用的で水分も同時に補給できる方法として，運動前の冷たい飲料の摂取による身体内部冷却があります．近年，より積極的な身体内部からの冷却方法として，アイススラリーの摂取が注目されています．これは液体に微細な氷の粒が混ざったもので，氷が水に変わる相変化の際に体内の熱を大きく吸収するだけでなく，液体の比熱に固体の比熱が加わるため，液体の水のみよりも効果的に身体を冷却できます．

図2のように，運動前の安静時のアイススラリーの摂取によって，直腸温が低下し，暑熱環境下の運動継続時間が延長しました．アイススラリーを用いたプレクーリングは，冷水浴を用いた時と比較しても同等の持久性および間欠性運動パフォーマンス（サッカーやラグビーのような運動と休息を繰り返し行う運動形態）の向上をもたらすことや，摂取によって冷却された血液が脳にも影響を及ぼすため，脳の活性化やモチベーションの低下を抑制する可能性も考えられています．さらに，アイススラリーを市販のミキサーを用いてスポーツ飲料で作成することで，冷却効果だけでなく糖および電解質の補給も行うことができるので，大変効率の良い方法といえます．夏季オリンピックやワールドカップなど主要な競技会が暑さの厳しい環境下で数多く開催されるため，身体内部冷却は熱中症を予防し，運動パフォーマンスを向上させるための新たな方法として注目されています．ただし，これらの方法は試合だけでなく事前のトレーニングで選手やコーチがその効果を理解し，試しておくことが重要です．また，これらのさまざまな身体冷却方法を試合やトレーニングにおいて組み合わせて用いることで，暑熱下の生体負担度を軽減し，運動パフォーマンスを向上させることができるでしょう．

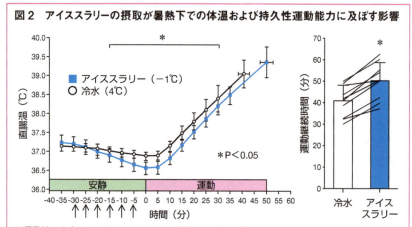

**図2 アイススラリーの摂取が暑熱下での体温および持久性運動能力に及ぼす影響**

▶ 運動前に冷水またはアイススラリーを摂取し，室温34℃，相対湿度55%の暑熱環境下で中強度のランニング運動を疲労困憊に至るまで行った．アイススラリーの摂取によって−15分から30分まで直腸温が有意に低下し，運動できる時間の幅が広がったため，すべての被験者の持久性運動パフォーマンスが向上した．↑は飲料摂取．

(Siegelら，2011)

●運動後のリカバリーとしての身体冷却の効果とは？

　氷と水を入れたバスタブあるいは大きなバケツ（約15℃）に下肢や全身を浸して5〜10分程度浸かるアイスバスという方法があります．これは激しいトレーニングや試合で生じた筋の微細な損傷への対処，上昇した筋温や体温を素早く下げ，余分なエネルギー消費を抑えることが目的です．複数の人が同時に行えることも特徴で，ラグビーなどのコンタクトスポーツ競技で広く用いられています．また，さまざまな競技者が，クーリングダウン後にアイスバスで下肢を冷却したり，1日に複数試合が行われる場合などでは試合の間に実践しています．アイスバスを用いることで，翌日の脚部や全身の疲労感が軽減されるなど，選手の主観的感覚に影響を及ぼすことも特徴です．そのため，暑熱環境下での大会やトレーニングキャンプにおいて，コンディションの維持増進のために用いられています．さらに，アイスバスを用いた冷水浴と温浴の交代浴を用いることによって，疲労回復に加え，リラックス効果も期待できます．

> **まとめ**
>
> ◆プレクーリングは貯熱量を増大し，運動中の体温調節や心臓循環系の負担を減少させることにより持久性運動パフォーマンスを向上させる．
> ◆アイススラリーの摂取はからだを内部から冷却するため，運動中の過度な体温上昇を抑制し，主観的感覚に影響を与え，持久性および間欠性運動パフォーマンスを向上させる．

chapter 2 | sportsscience **2.09** | 水分摂取 | 解説●長谷川博

# 運動している時の水分補給は何に注意すればいいの?

### ●脱水がからだや運動パフォーマンスに及ぼす影響とは?

　水分は体内で細胞内液や細胞外液(血液,リンパ液)として化学反応を円滑に進めたり,栄養素や酸素を全身へ運搬したり,老廃物を除去したり,体温を調節するなど重要な役割を担っています.運動により体温が上昇すると,それに対しからだは熱放散のための皮膚血流や発汗を促進させます.しかし,発汗の増大は脱水を進行させ,心臓循環系への負担を増大し,やがて体温上昇を抑制するための熱放散も制限してしまいます.運動中の発汗量は1時間に2Lにも及ぶことがあります.体重の2%程度までの脱水では著しい体温上昇は観察されませんが,それ以上になると1%ごとに体温は約0.3℃,心拍数は約5〜10拍/分上昇します.このように過度の脱水はからだのさまざまな機能に影響を及ぼすだけでなく,持久性運動能力も低下させます(表1).脱水が3%を超えると瞬発性の運動能力や認知機能も低下しはじめ,5〜6%の脱水では身体動揺や意識障害など中枢神経系の障害も生じます.したがって,運動時の水分摂取は安全性の面からも運動パフォーマンスの維持・増進の面からも非常に重要です.

### ●どのくらい水分を摂取すれば良いのか? (表2)

　発汗量に見合った水分摂取や失われた電解質を適切に補給することが重要です.そのためには個人にあった水分摂取の適量を見つけることが重要で,日頃の練習において体重や尿をモニターしておく必要があります.現在の多くのガ

**表1 脱水がからだや運動パフォーマンスに及ぼす影響**

| 水分減少率<br>(体重に占める割合) | 主な脱水症状 |
| --- | --- |
| 2% | 喉の渇き,持久性運動能力の低下 |
| 3% | 喉の強い渇き,ぼんやりする(集中力低下),体温・心拍数・呼吸数の上昇,食欲不振,認知機能の低下,瞬発性運動能力の低下 |
| 4% | 皮膚の紅潮,イライラする,疲労困憊,尿量の減少と濃縮 |
| 5〜9% | 頭痛,視力・聴力の低下,熱にうだる感じ,身体動揺(よろめき),けいれん,めまい・脱力感など中枢神経系への影響 |
| 10%〜 | 無尿,循環不全,死亡 |

イドラインは，水分摂取の適量を「体重減少が2％を超えない範囲」としています．環境条件や体調などにより発汗量は異なりますが，水分摂取量の目安として，練習や試合前の1時間で500 mL程度，練習や試合中は1時間当たり500〜1000 mL，練習や試合後は発汗量の2倍程度を摂取するとよいでしょう．一度に胃から腸管に移動できる水分量は200 mL程度なので，1回の摂取量はおよそ200〜300 mL（コップ1杯）．また，水分摂取間隔をこまめにすると汗の蒸発に効果的な有効発汗を高く維持できます．さらに喉の渇きは脱水が進行してから自覚されるため，喉が渇く前から計画的に水分を摂取することが大切です．また，練習中は適宜，飲水のための休息（飲水タイム）を確保し，自由に水分を摂取できる環境を整えると良いでしょう．最近の国内および国際レベルのサッカーの試合では，暑さ指数（WBGT）計を用いて環境条件を測定し，WBGTの数値により試合中に飲水タイム（約1分）やクーリングブレイク（約3分）などの熱中症対策を採用し，選手の生体負担を軽減し，質の高い試合になるよう努めています．

● 何を摂取すれば良いのか？

　汗をかくと水分とともにナトリウム，カリウム，カルシウム，マグネシウムなどの電解質（イオン）も失われます．電解質は細胞の浸透圧調節，筋細胞や神経細胞の働きに関わる重要な物質で，少なすぎても多すぎても細胞や臓器の機

**表2　トレーニングや試合における水分摂取のポイント**

| 【水分摂取の目的】 | |
|---|---|
| ●運動前：からだの水分，電解質を正常な状態に保つ | |
| ●運動中：過度の脱水と電解質の損失を防ぐ，持久系競技ではエネルギーの補給 | |
| ●運動後：失った水分および電解質を回復する（塩分を含む食事との併用） | |

| 【水分摂取量】 | 【摂取タイミング】 |
|---|---|
| □体重減少が2％を超えない範囲<br>□1回の摂取量は200〜300 mL程度<br>□一気飲み，がぶ飲みを避ける<br>□長時間運動時での水のみの過剰摂取による，低ナトリウム血症に注意 | □試合の開始2時間前ぐらいから水分を摂取するよう心がける<br>□可能な限りこまめ（15分毎など）に水分を摂取する<br>□飲水タイムやクーリングブレイクを確保する<br>□喉が渇く前に計画的に水分を摂取する |
| 【摂取成分】 | 【摂取温度】 |
| □運動継続時間が短く，発汗量が少ない時は水でも問題はない<br>□トレーニングや試合の前後および試合の休息時は，からだへの吸収の速さを考え，電解質と糖質を含んだスポーツ飲料などを摂取する<br>⇒塩分：0.1〜0.2％（ナトリウム：40〜80 mg/100 mL）＋糖質：4〜8％（4〜8 g/100 mL）<br>□水，スポーツ飲料，エネルギー系飲料など，目的に応じた組み合わせや工夫が必要 | □約5〜15℃など飲みやすいもの<br>□暑熱下での持久系競技は，アイススラリー（−1℃）を摂取することも効果的 |
| | 【コンディションチェック】 |
| | □トレーニングおよび試合前後による体重測定<br>□日常の体重変化を1％未満におさめる<br>□尿の量，色（薄い黄色），比重（1.020未満）で確かめる |

能が低下してしまいます．特にナトリウムが不足すると熱けいれんや熱疲労からの回復が遅れるため，時間が経過するほどパフォーマンスが低下します．また，ヒトのからだはできるだけ同じ状態を保つ機能（ホメオスタシス）が備わっているため，多くの発汗により水分と電解質を損失した時，真水やお茶などを摂取しても，体液が薄まったことで元に戻そうとしてさらに水分を体外へ出したり，喉の渇きを止めてしまうため，必要な水分を摂取できなくなります（自発的脱水）．4時間を超えるマラソンなどの超持久系運動において，発汗量を大きく超える水分摂取によって血中のナトリウム濃度が低下し，全身けいれんや呼吸困難などの症状をきたす低ナトリウム血症が発症しています．これらは主に一般の人が発症していますが，競技アスリートにおいても暑熱下での長時間に及ぶトレーニングなどで低ナトリウム血症を発症する危険性があります．したがって，失われた汗の成分に近い電解質飲料を摂取することが重要です．現在の主なガイドラインでは，塩分0.1～0.2％（ナトリウム：40～80 mg/100 mL）を含んだ飲料の摂取が推奨されています．また，持久系の運動やトレーニングのように，1時間以上運動を継続する場合には，4～8％程度の糖質が含まれた飲料が有効であり，糖質（ぶどう糖＋果糖）を含んだスポーツ飲料は疲労の予防だけでなく，腸管内での吸収スピードが速く，体水分の保水率を高めることが期待できます．これらの電解質と糖質の両方を合わせて摂取するには，スポーツ飲料が最も効果的です．一方，スポーツ飲料に含まれる糖分を気にして水で薄めたスポーツ飲料を摂取し，本来の目的である電解質が摂取できないことが懸念されます．そのため，薄めたスポーツ飲料には食塩を追加するなど状況に応じた電解質摂取方法を検討する必要があります．また，著しい脱水，下痢や嘔吐がある場合は，経口補水液の摂取も良いでしょう．摂取する水分の温度は，5～15℃に冷やすと飲みやすいうえに吸収も早く，からだの冷却効果も期待できます．さらに，トレーニングや試合後にはこれらに加え，筋肉の損傷を回復させるためにアミノ酸などのたんぱく質を含んだ飲料の摂取も有効です．また，競泳や水球などの水中競技，スキーやスケートなどのウインタースポーツでも発汗するため，水分摂取を怠ってはなりません．以上のように水分摂取という観点からは，スポーツの競技特性を考慮し，基本的には個人の発汗量に合わせた水分摂取を目指すことが重要であり，その日の環境条件や体調に合わせ，種類や量を使い分けるとよいでしょう．

## まとめ

◆運動時における体温，発汗量や脱水レベルなどのからだの生理的反応，および運動の強度や継続時間などを考慮し，効果的な水分摂取を心がける必要がある．

◆そのためには，水分摂取量，摂取成分，摂取タイミング，摂取温度，体重測定や尿を用いたコンディションチェックが重要なポイントとなる．

# 市販のかぜ薬でもドーピング？

chapter 2　sportsscience 2.10　ドーピング　解説●笠師久美子

### ●ドーピングとは？

　ドーピングとは，競技力を高めるために，禁止されている物質や方法を使用する，あるいはそれらの使用を隠す行為です．ドーピングはフェアプレイの精神に反する，健康を害する，社会に反する行為であることから，チームワークやフェアプレイを重んじる競技規則（ルール）を破ることになり，スポーツの価値を損なうことから禁止されています．

### ●身近な薬にも禁止物質が？

　しかしながら，禁止物質の中には，かぜ薬のように医薬品の成分として使われているものもあります．例えば，エフェドリンという成分は咳や鼻水を和らげる作用がある一方，興奮作用があり，ドーピングと判断されてしまいます．そのため，ドーピングをするつもりがなくても，正しい知識を持って対応しないと，病気の治療で薬を使っていることが証明できないため，処分を受けてしまうことがあります．

　ドーピング禁止物質が入っているかどうかわからない時は，Global DRO（Global Drug Reference Online，http://www.globaldro.com）というJADA提供サイトで検索することができます（図）．

### ●ドーピングコントロール

　ドーピングコントロール（ドーピング検査）は，選手がドーピングをしていない（潔白である）ことを証明するために行われます．多くの場合は尿検査で行われますが，血液検査も徐々に増えています．検査は競技大会のほかに，競技会外検査（大会以外の時に行われる検査）があります．

### ●トップアスリートになる前にすること

　小さい頃からスポーツが大好きで，長く続けているうちに，オリンピック選手になったという人もいます．アンチ・ドーピング（ドーピングを防ぐ・止めさせる教育や活動）に関する知識は，トップアスリートになってからではなく，ジュニア選手の頃からルールの一つとしてしっかり身につけてほしいと思います．そのためには，「ドーピングをしない・させないための十か条」（表）を参考にして，普段から心がけるようにしてください．

図　Global Drug Reference Online（Global DRO）

**表　ドーピングをしない・させないための十か条**

1. けがをしたり病気になった時は，できる限り病院で医師の診察を受ける．
2. 薬を出してもらう時には，アスリートであること（ドーピング検査を受ける可能性があること）を必ず伝える．
3. 薬局で薬を買う時には，スポーツファーマシスト*や薬剤師に相談し，禁止物質が入っていない製品を選ぶ．
4. 禁止物質かどうかがわからない時は，Global DRO で検索する．
5. 検索結果の判断に迷った時は都道府県薬剤師会情報センターやスポーツファーマシストに相談する．
6. 治療のために禁止物質を使わなければならない時には，TUE（治療使用特例）という申請手続きが必要．
7. 症状が似ていても家族や他人の薬を使わない．
8. 薬は飲み薬ばかりではなく，いろいろな形（注射，貼薬，塗り薬など）の薬があるので注意が必要．
9. 歯医者さんからもらった薬にも注意をする．
10. 栄養の基本は食事から．サプリメントではなく，食事からしっかり栄養をとる．

＊スポーツファーマシスト：日本アンチ・ドーピング機構（JADA）で認定したアンチ・ドーピングの知識を持った薬剤師

### まとめ

◆身近な薬にも禁止物質が含まれていることがある．不明な点はそのままにせずに，確認をする．
◆「ドーピングをしない・させない」精神で，ルールをしっかり守って，フェアプレイのもと，正々堂々と戦ってスポーツを楽しむことが大切．

chapter 2 | sportsscience 2.11 | 運動と精神機能 | 解説●高橋佳那子 征矢英昭

# 火事場の馬鹿力って本当にあるの？

　"火事場の馬鹿力"とは，火事現場という危機的状況において普段は出せないほどの大きな力を発揮する，という話からできた慣用句です．もし競技中にこのような力を発揮できれば，ハイパフォーマンスを引き出すことができると期待されますが，果たしてそれは可能なのでしょうか？

### ●ハイパフォーマンスは脳からの指令を受けて発揮される

　火事現場に限らず，生命の危機を感じた際には火事場の馬鹿力が発揮されます．危機的状況により，脳，とりわけ間脳の視床下部が活性化すると，緊急応答として強いストレス反応が生じ，覚醒度や心拍数，血糖値が高まり，大きな筋力が発揮されるのです．これは，生物学的には"闘争または逃走反応（Fight or Flight response）"と呼ばれる，生理的反応の一つです．

　強度の高い運動時にも，ストレス反応により代謝・循環応答が生じることで，高いパフォーマンスが発揮されます．しかしながら，通常ヒトが意識的に発揮できる最大筋力（随意最大筋力）は理論的に発揮できる最大筋力に達しません．なぜなら，過剰な負荷による筋や腱，骨などの損傷を防ぐため，筋を支配する運動神経である$\alpha$-運動ニューロンの興奮が脊髄の抑制性介在ニューロンによって抑制されるからです．一方，火事場の馬鹿力発揮時には，$\alpha$-運動ニューロンにかかる抑制がとれ，その活動数（動員数）と興奮レベル（発火頻度）を増やすことができます．この背景には筋収縮を調節する脳の活性化があると考えられます．微弱な電流により大脳皮質の運動野を興奮させる経頭蓋磁気刺激法（TMS）を用いた研究では，ウィンゲートテスト（30秒間の全力ペダリング運動）時の最大筋出力やその後の膝関節伸展運動時の筋収縮は，コントロール群よりTMS群で向上することが報告されています．このように，より強い脳の活性は随意最大筋力以上の筋力発揮を可能とし，さらには疲労困憊時にも同様に効果的であることがわかります．この結果は，疲労困憊時の発揮筋力の低下が末梢疲労によるものではなく中枢疲労によるものである可能性を示しているとも言えます．

### ●火事場の馬鹿力を発揮するために

　脳が活性化し$\alpha$-運動ニューロンの動員数と発火頻度が増加する背景の一つとして，脳幹網様体賦活系のモノアミン作動性神経やオレキシンというホルモンの関与が示されています（図）．通常，運動意欲の高まりにより脳幹が活性化す

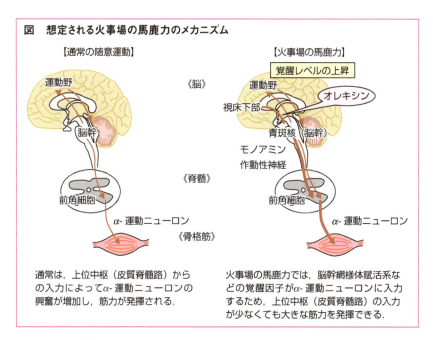

図　想定される火事場の馬鹿力のメカニズム

【通常の随意運動】
通常は，上位中枢（皮質脊髄路）からの入力によってα-運動ニューロンの興奮が増加し，筋力が発揮される．

【火事場の馬鹿力】
火事場の馬鹿力では，脳幹網様体賦活系などの覚醒因子がα-運動ニューロンに入力するため，上位中枢（皮質脊髄路）の入力が少なくても大きな筋力を発揮できる．

ると，その刺激は運動野，そして脊髄へと伝わり，α-運動ニューロンを興奮させます（皮質脊髄路）．一方，火事場の馬鹿力では，オレキシンが視床下部から脳幹の一部である青斑核に分泌されることで覚醒度が高まります．そしてそこから脊髄に直接投射するモノアミン神経がα-運動ニューロンに作用するため，少ない上位中枢からの入力でも大きな力の発揮が可能になると考えられます．

　このように，覚醒度が高まると，α-運動ニューロンの動員数と発火頻度を増加させることができるようになるのです．実際の競技中に覚醒度を高めるためには，例えば試合前の自己暗示によるモチベーションの向上や，筋力発揮の瞬間に大声を出すこと（シャウト）が効果的でしょう．オリンピックなどの世界大会で数々のメダルを獲得したハンマー投げの室伏選手が投球の瞬間にシャウトしていた姿は有名です．また，競技中に適切な脳の覚醒を引き起こすためには，日頃から規則正しい覚醒／睡眠リズムをとることも重要です．不規則な生活は脳の覚醒リズムを乱し，競技中の覚醒レベルの維持を困難にします．したがって，規則正しい生活リズムを維持できるよう心がけましょう．

まとめ

◆自己暗示やシャウトなどで脳の覚醒を高めることで，火事場の馬鹿力を発揮できる．
◆競技中に火事場の馬鹿力を発揮するためには，日頃から規則正しい覚醒／睡眠リズムをとることが大切である．

| column | 遺伝子ドーピング |

競技スポーツは個人あるいはチームの能力や技術の限界に挑む活動であると同時に，その優れた成果は人々に夢と感動を与えます．そして，その成果には名誉や賞金という形で報酬が与えられます．スポーツはルールに沿って行われますが，中にはルールを違反して報酬を得ようとするアスリートがいます．薬物を使用して競技力の向上を図るドーピングはその典型的な例であり，最近では遺伝子ドーピングも世界アンチ・ドーピング機構（World Anti-Doping Agency：WADA）の国際基準に入っています．WADAは，遺伝子ドーピングを「競技力を高める能力を有する細胞，遺伝子，遺伝要素，あるいは遺伝子発現の調節を治療目的以外で使用すること」としています．WADAは遺伝子ドーピングを広義にとらえていますが，一般的には，アスリートの遺伝子配列を人工的に操作して競技力向上を図る行為として解釈されています．

遺伝子ドーピングの例として，筋肉の成長を抑制するミオスタチン遺伝子（Myostatin gene：*MSTN*）の操作があります．*MSTN*が正常に機能しない変異があると，その働きが抑制され筋肉が異常に発達します（写真）．実際に，この変異を生まれながらにして持っているアスリートが世界大会で入賞した例もあるほどです．つまり，遺伝子導入技術を使って*MSTN*を人工的に働かなくすれば高い競技力を発揮できる可能性があるわけです．従来型の遺伝子導入技術ではその痕跡が残るので，筋肉の遺伝子配列を調べれば，遺伝子操作の有無の検出が可能です．しかしながら，現段階のドーピング検査では，筋肉まで採取して調べることはないため，従来型の遺伝子導入技術でも遺伝子操作の検出は難しいとされています．

最近では，細胞内の遺伝子が血中に出てくる現象も知られており，検出技術が発展すれば，血液を利用して従来型の遺伝子導入を検出できるシステムを構築できる可能性はあります．ただし，最新の遺伝子改変技術を利用すると，この痕跡すら見つけることができないため，人工的な遺伝子改変なのか，生まれながらの遺伝子変異なのかを区別することができません．このような現状を踏まえて，今後，遺伝子ドーピングは容認されるだろうという大胆な予想をしている研究者もいます．

科学技術の発展は私たちに大きな恩恵をもたらします．一方，その技術の使用次第ではスポーツそのものの価値を変えてしまう可能性もあります．ドーピング検出技術を向上させるだけでなく，アスリート自身はもちろんのこと，その競技スポーツの関係者すべてが，高い道徳観を持ち，その教育を世界基準で進める必要があるでしょう．

解説：福　典之

ミオスタチン遺伝子野生型　ミオスタチン遺伝子変異型

（Mosher et al, PLoS Genetics, 2007 の Figure 1 を改変）

chapter

# 3

# 健康なからだのための使えるスポーツサイエンス

chapter 3 | sportsscience 3.01 | 寿命 | 解説●澤田 亨

# スポーツをすると長生きするの？

　これまでに実施された多くの研究結果は，「スポーツをする人の寿命は相対的に長い」ことを報告しています．

●スポーツと身体活動

　「身体活動」とは，じっとしている時以外のすべての活動のことです．この身体活動には「運動」と「生活活動」が含まれています．運動とは，「健康増進や体力向上，楽しみなどの意図を持って，余暇時間に計画的に行われる活動」のことです．そして，「運動」はほぼスポーツと同じと考えていいと思います．一方，生活活動とは，「生活を営むうえで必要な移動や，労働や家事として行われる活動」のことです．これまでの研究は運動（＝スポーツ）も生活活動もいずれも，実施時間が長いほど寿命が長くなることを報告しています．つまり，身体活動量が多い人は，少ない人より長生きということです．

●身体活動と寿命の関係を調査した研究

　ヒトの寿命に関する研究はヒトを対象に調査する必要があるため「コホート研究（追跡研究）」という研究方法が使われます．

　台湾で実施された大規模な研究を通して，身体活動と寿命の関係をどのように調査するのか紹介します．この研究への参加者は健康診断で健康であることが確認された20歳〜40歳の男女，416,175人でした．研究者は，質問紙を使って調査した「身体活動量」で研究参加者を5つのグループに分けました．そして，8年間追跡して各グループの追跡期間中における死亡者数を確認しました．その結果，8年間に5,688人が死亡しました．

　研究者は，身体活動量が最も少ないグループを基準にして，他のグループの相対的な危険度（相対危険度）を求めています．相対危険度の算出には，追跡開始時点における各グループの年齢やBody Mass Index（BMI：体格指数），血圧値，飲酒習慣，喫煙習慣，糖尿病の家族歴が調整されています．このことは，各グループの死亡の相対危険度の違いは，年齢や飲酒習慣等の違いではなく身体活動量の違いだということを意味しています．

●身体活動と寿命の関係

　図1に示すように，身体活動量が最も少ないグループと比較すると，身体活動量が多くなればなるほど死亡の相対危険度が小さくなっています．また，図

図1 身体活動別にみた死亡の相対危険度

(Wen CP, 2011)

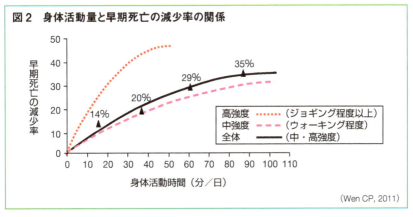

図2 身体活動量と早期死亡の減少率の関係

(Wen CP, 2011)

2には身体活動量と早期死亡の減少率の関係を示しています．スポーツなどの高強度の身体活動は実施時間が長くなるにしたがって著しく早期死亡の減少率が高くなっています．一方で，ウォーキングなどの中強度の身体活動でも高強度の身体活動ほど著しい効果はありませんが，実施時間が長くなるにしたがって早期死亡が減少しています．

> **まとめ**
>
> ◆これまでに報告されている多くのコホート研究は，スポーツだけでなく生活活動も含んだ身体活動と寿命の間に「量反応関係（身体活動量が多ければ多いほど寿命が長い）」があることを報告している．
> ◆高強度のスポーツを楽しむことは効率的に早期死亡を防ぐ，つまり長生きにつながるようである．また，必ずしも高強度のスポーツをしなくても，よく歩くなどの活動的な生活を送ることによっても早期死亡を防ぐことができると考えられる．

# スポーツ選手は風邪をひきやすいって本当？

chapter 3 | sportsscience 3.02 | 免疫機能 | 解説●松生香里

## ●風邪は細菌やウイルス感染でおこるもの

「スポーツ選手はトレーニングでからだを鍛えているのに，どうして風邪をひきやすいの？」と思われる人も多いでしょう．風邪をひきやすいかどうかを「免疫」の点から見ていきたいと思います．

本来の「免疫」の概念は「疫から免れる」ことで，細菌やウイルス感染から身体を防御できる能力「防衛体力」を示しています．スポーツ選手においても「防衛体力」はコンディション維持にとても重要になります．

## ●運動時のNK細胞（ナチュラルキラー細胞）の働き

図1に，運動における免疫担当細胞の1つであるNK細胞（ナチュラルキラー細胞：がん細胞を直接的に攻撃できる）活性の変化を示しました．運動中には，NK細胞は身体の中で遊走（リンパ節などから血液中へ移動すること）を始めます．軽いジョギングなど中等度の運動後，NK細胞は，安静時のベースラインに戻ります．しかし，マラソンなど高強度長時間の運動後には，NK細胞は，一時的にベースラインよりも低下し，およそ1日程度かけて通常レベルまで戻ります．このように，一時的に免疫機能が低下し，感染に対して無防備な状態に陥るため，風邪などのウイルス感染症に罹りやすくなることから，オープンウィンドウ仮説として提唱されています（図1）．

## ●運動後のウイルス感染と体のケア

オーストラリアの研究グループ（Spenceら，2007）は，高強度トレーニングを行っている一流選手，レクリエーションレベルの選手，一般成人の急性上気道感染症状（いわゆる風邪症状）を呈した選手について，運動後の咽頭ぬぐい液から遺伝子増幅法を用いてウイルス遺伝子の検出を試みました．その結果，風邪症状を呈した全選手のおよそ3割の選手にウイルスが検出されました．しかし，高強度トレーニング

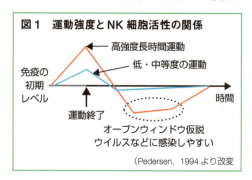

図1 運動強度とNK細胞活性の関係

(Pedersen, 1994より改変)

を行っている一流選手では，ウイルス検出感度が著しく低かったことを報告しました．気道粘膜上皮の細胞脱水によって風邪のような状態（咳や喉の痛み）が現れた可能性を指摘しています．気道粘膜上皮細胞の脱水（乾燥）は，ウイルス感染しやすい状態とも考えられます．持久走の後で，咳こむなど風邪のような症状を経験したことがある人も多いのではないでしょうか．

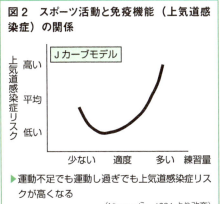

図2　スポーツ活動と免疫機能（上気道感染症）の関係

▶運動不足でも運動し過ぎでも上気道感染症リスクが高くなる

（Niemanら，1994より改変）

この症状は，オープンウィンドウの一歩手前のシグナルとして，運動後に身体をケアするきっかけになるかもしれません．トレーニングの後にはうがいをし，冬場であればマスクでの保湿・保温，ネックウォーマーの着用などによっても，さらに予防効果が高くなると言えるでしょう．

● **運動不足でも風邪リスクは高まる**

　自らもマラソンランナーであったNieman博士ら（1994）は，一般人とスポーツ選手を対象に，上気道感染症と運動強度についての疫学調査を実施しました．その結果，運動実施が少ない人も，トレーニング量が多いスポーツ選手においても，上気道感染症罹患リスクが高いことを示唆し，Jカーブモデルとして提唱しました（図2）．これらのことから，スポーツ選手は，高強度の運動に暴露される機会が多いため，運動後に免疫系の働きが低下した時に，「風邪をひきやすくなる（風邪ウイルスの感染リスクが高まる）」と考えられています．

　一方で，適度な運動・トレーニングは「防衛体力」を維持・向上させることに繋がります．Imaiら（2000）は，長期にわたる疫学調査において，ある一時点におけるNK細胞活性が高い人は，将来的な癌の罹患リスクが低いことを報告しています．遺伝的な要因も関連しますが，適度な運動・トレーニングを継続することは，防衛体力を高め，免疫機能を維持するために重要になります．

> **まとめ**
> 
> ◆スポーツ選手が必ずしも風邪をひきやすいわけではない．激しいトレーニングや試合後，一時的に血液中で免疫担当細胞が増加・低下している現象として捉えられる．
> ◆試合後や練習後は，コンディションを崩さないように，しっかり心身をケアすることが大切．高強度の運動を行なった後のオープンウィンドウ時のケア・対処策としては，喉を乾燥させない，冷やさないことが予防効果に繋がる．

| chapter 3 | sportsscience 3.03 | 免疫機能 | 解説●松生香里 |

# スポーツ選手はお腹をこわしやすいの?

## ●免疫系と腸内細菌叢の関係

　食物の消化・吸収の働きを担っている腸は，免疫の司令塔ともいわれています．腸管には全身の免疫系を担当する細胞（免疫担当細胞）が存在し，私たちの身体を感染から防御することにも役立っています．近年では，これらの免疫システムと腸内細菌が深く関わっていることが注目されています．スポーツ選手は日々，ハードなトレーニングで筋肉を使うため，栄養吸収のため消化器系（腸）の働きが重要になります．過度なトレーニングの継続が，時には心身ともにストレスとして積み重なり，腸の働きが低下し，胃痛・腹痛，下痢や便秘といった症状として現れる，「お腹をこわす」ことが多いのです．

　免疫系は自律神経系と内分泌系との相互の関わりによってコントロールされていることから，このような心身のつながりは「心身相関」や「脳腸相関」という言葉で表されます．特にスポーツ選手は，パフォーマンス向上のため，トレーニングというストレスは必要ですが，トレーニングのし過ぎによって，交感神経系と副交感神経系のバランスが崩れることがあります．消化器系の働きが低下すると，栄養源の吸収も悪くなり，コンディション悪化の引き金になるため，練習量をおさえ，休養することも時には重要なトレーニングの1つになります．

## ●スポーツ選手と腸内細菌

　一方で，心身のコンディションや腸内環境のコントロールに腸内細菌が関わっていることもわかってきました．腸内細菌は，腸の中に共生している細菌として，腸内の環境維持のみならず，心身の恒常性維持に貢献しています．また，腸内細菌は多様性があるほどよいと考えられています．炎症性腸疾患やクロストリジウムにおける感染症，肥満，などでは，細菌の多様性に乏しいことが報告されています．高たんぱくの食事を必要とするラグビー選手を対象にした調査によると，細菌の多様性が高く，炎症関連物質が低いことがわかりました（図1）．ラグビーはボディコンタクトやけがが多いことから，感染などの防御に対する準備として，多様性に富んだ腸内細菌叢を維持していると考えられています．このように，スポーツ選手のコンディションやパフォーマンスと腸内細菌の直接的な関係は，近年，研究が進みつつあり，将来的に，スポーツ

現場のコンディショニングに活用されることが期待されています．

●腸内環境を整えるための具体的方法

　腸内環境は個人差が大きく，遺伝的な要素も関連が高いことがわかってきています。このように，個体によって腸内環境が異なることから，「これをすれば必ず腸内環境が良くなる」というような万人に当てはまる法則は存在しないといえます．しかし，発酵食品（納豆，キムチ，一般的に推奨されるヨーグルトなど）などプロバイオティクスと呼ばれている腸内環境に良い効果を与える食品を摂取することで，お腹の調子が改善されたという研究結果が報告されています．どのような食物を摂取した時に，お腹の調子が良くなるのか（便通が改善したかなど），体調が良かったかなど，食物の効果・影響について，日常的に意識しておくことが大切です．疲労が激しいときは，うどんやおかゆなど，消化の良い食事や食べ慣れた食物を摂取すること，また、内臓（お腹）を冷やさないようにすることが回復を早めてくれます．腹巻やカイロで温めることもよいでしょう．

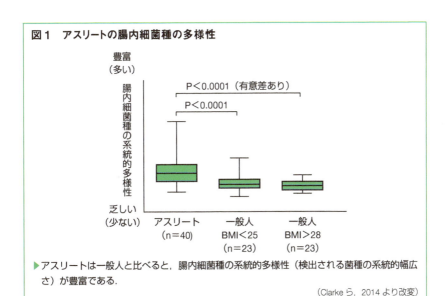

図1　アスリートの腸内細菌種の多様性

▶アスリートは一般人と比べると，腸内細菌種の系統的多様性（検出される菌種の系統的幅広さ）が豊富である．

（Clarke ら，2014 より改変）

まとめ

◆腸内環境を整えることは，心身のコンディション維持につながる．栄養・休養もトレーニングの1つ．心身のバランスを大切にトレーニングしていくことが重要．

# 若くても運動不足だと血管は老けてしまう?!

chapter 3 | sportsscience 3.04 | 運動と動脈硬化 | 解説●家光素行

## ●血管の役割

　からだの臓器の中で血管（動脈および静脈）は全身の血液を循環させている導管（パイプ）の役割を担っており，全身に分布しています．しかしながら，動脈は，血液を運搬する導管としての役割だけではありません．心臓から駆出される血液によって動脈血管の内腔を押し広げる圧力（血圧）が上昇することによって血管は輪ゴムのようにしなやかに伸展し，血圧を過度に上昇させず，血液を末梢にスムーズに運ぶための役割も担っています．

## ●動脈血管の構造と血管壁の硬さの調節

　動脈血管は，内膜，中膜，外膜の3層の膜から構成されており，それぞれ血管内皮細胞，平滑筋細胞，線維芽細胞（弾性線維を含む）という主に3種類の細胞から構成されています．中膜に存在する血管の平滑筋は，筋の一種であり，筋収縮と筋弛緩によって動脈血管が伸張（拡張）するかどうかといった血管壁の硬さに影響を及ぼしています．つまり，血管平滑筋が弛緩していれば動脈は血液が流れる時にしなやかに拡張しますが，収縮していれば動脈は硬く，しなやかに拡張する機能が消失します．

　この血管平滑筋の収縮と弛緩は，自律神経系による神経系の調節や代謝産物・ホルモンが血液を介して動脈に作用することによって調節されることが明らかになっていました．しかしながら，近年，新たに局所的な血管の調節についても明らかとなり，血管の内膜に存在している内皮細胞から産生される血管拡張・収縮物質による局所的な調節の重要性が解明されてきています．血管内皮細胞は血管と血液との界面を形成しているため，血液が流れる際に生じる血管内皮細胞への物理的な刺激や神経系の刺激，代謝産物・ホルモンの刺激によって内皮細胞由来の血管拡張・収縮物質を局所的に産生・放出する役割も担っています．

　さらに，動脈の硬さは，脂肪細胞から産生されるアディポカインというホルモンによっても調節を受けていることが最近わかってきました．脂肪細胞が正常な大きさの場合は，血管に対して拡張を促したり，血管を保護するような善玉的な作用を示すアディポカイン（アディポネクチン）を分泌します．しかし，脂肪が過剰に蓄積して脂肪細胞が大きく肥大している場合は，血管に対して炎

症を起こすことで血管を肥厚させたり，硬くさせるような悪玉的な作用を示すアディポカインを分泌することが明らかになっています．

● 血管の老化

「血管は年とともに老いる（ウィリアム・オスラー）」といわれるように，中高齢期から動脈血管は硬化や肥厚（動脈硬化症）が生じることによって，心臓や血管の疾患（虚血性心疾患や脳血管疾患）が発症するリスクが急増します．加齢に伴う動脈硬化の発症の原因は，大動脈を構成しているゴムのような役割を持っている弾性線維の減少や血管のしなやかさを保つための物質を産生する血管内皮細胞の機能低下を介した血管の拡張調節機能の障害が主な要因といわれています．一方で若い時の動脈血管は，動脈の弾性線維や血管内皮細胞から産生される拡張物質の産生が十分に機能していることから，血管はしなやかに拡張することができます．

● 運動不足と動脈硬化の関係

それでは，若い時には動脈は硬くならず，しなやかな血管のままでしょうか？これまでの多くの研究から，若い動脈血管であっても運動不足，体力不足によって動脈硬化度は増加するという結果が報告されています．今までの研究報告の中には，1日にからだを動かす活動（身体活動）の強度を低強度，中強度，高強度と分けた場合，中強度と高強度の身体活動が1日30分以上ある人と比べて，1日0分の人は動脈の硬さの指標（動脈硬化度）が高いことが報告されていま

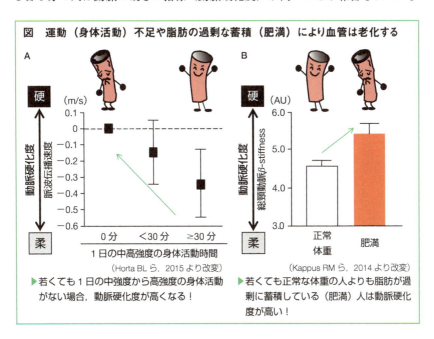

図　運動（身体活動）不足や脂肪の過剰な蓄積（肥満）により血管は老化する

（Horta BL ら，2015 より改変）
▶若くても1日の中強度から高強度の身体活動がない場合，動脈硬化度が高くなる！

（Kappus RM ら，2014 より改変）
▶若くても正常な体重の人よりも脂肪が過剰に蓄積している（肥満）人は動脈硬化度が高い！

す(図A).また,1日にじっと座っている時間(座位時間)が長い人は,動脈硬化度が高くなることも明らかになっています.つまり,1日の中でテレビなどを長時間見続けたり,活動的にからだを動かしていない日が多い場合には,若くても血管は老けてしまい,血管年齢が実年齢よりも年をとってしまいます.また,日常的にスポーツや運動を行わず体力が低下している場合にも動脈硬化度が増加することも知られています.さらに,からだを動かさず,カロリーの高い食べ物を取り過ぎることでからだの中の脂肪が過剰に蓄積する,肥満の状態になっても,動脈硬化度は高い値を示すことが知られています(図B).このように,若くても運動不足は動脈硬化を進行させてしまうため,心臓や血管の病気の発症リスクを増大させてしまいます.

> まとめ
>
> ◆いくら若くても運動不足(身体活動量が少ない,もしくは体力が低い)の場合,血管は実年齢よりも老化が進んでしまい,高血圧や動脈硬化が生じ,心疾患や脳血管疾患の発症リスクが増大する.そのため,習慣的な運動,適切な体力は必要である.

chapter 3 | sportsscience 3.05 | 運動と動脈硬化 | 解説●家光素行

# 血管を若く維持するには
# どんな運動が効果的なの?

　現在,国内の年間死亡原因の28％程度(死因の第2および3位)は,心疾患や脳血管疾患などの動脈硬化症が主因となる疾患です．そのため,動脈硬化の発症リスクをいかに予防するかが課題となっています．習慣的な運動は動脈硬化の発症リスクを予防および軽減する効果が認められていることがこれまでの研究によって明らかになってきました．しかしながら,運動にはウォーキングやジョギング,自転車などの低強度から中強度の運動強度で長時間運動が継続できるような有酸素運動,スクワットや腕立て伏せ,ダンベル,マシーンを使ったレジスタンス運動(筋力トレーニング),ヨガなどのストレッチ運動などさまざまな様式がありますが,どの運動でも動脈硬化の発症リスクを予防および軽減する効果があるのでしょうか？

### ●有酸素運動の効果

　有酸素運動は,動脈硬化の発症リスクを予防および軽減させる運動様式として最も効果的であることが今までの多くの研究により証明されています．今までの研究報告をまとめてみると,2〜3か月間,1日30〜60分,週3〜5日のジョギングや自転車運動を「ややきつい」と感じる中強度の運動強度で実施した場合,動脈の硬さの指標(動脈硬化度)が低下することがわかっています．このような有酸素運動による動脈硬化の発症リスクを予防および軽減させる効果のメカニズムには,血管と血液との界面を形成している血管内皮細胞から血管を拡張させる物質の1つである一酸化窒素(nitric oxide：NO)の産生が増加することが関係していることが明らかとなっています．最近では,有酸素運動の効果には,血管から産生される拡張物質だけでなく,運動によって脂肪が燃焼され,脂肪細胞が減少する際に分泌されるアディポネクチンというホルモンが血管に対して拡張を促進させる作用も関与していることが明らかとなり(Q 3.04参照),運動によって産生されるさまざまな因子が運動効果に影響していることが解明されつつあります．

### ●レジスタンス運動(いわゆる筋力トレーニング)

　次に,レジスタンス運動(いわゆる筋力トレーニング)は,有酸素運動による効果とは異なり,動脈硬化の発症リスクに対して予防および軽減させる効果があまり期待できないという結果が今までの研究により明らかになっていま

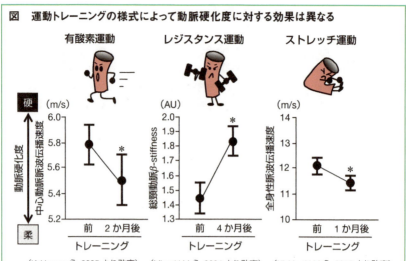

図 運動トレーニングの様式によって動脈硬化度に対する効果は異なる

▶有酸素運動は動脈硬化度を低下させるが、レジスタンス運動は逆に動脈硬化度を増加させる．一方、ストレッチ運動は動脈硬化度を低下させるが、有酸素運動の効果よりも少ない可能性がある．運動様式によって動脈硬化度に対する効果は異なる．

す．今までの研究報告の中には、最大挙上重量の80％の重さで12回を2～3セット、週3回、8～12種類の高強度のレジスタンス運動を4か月行った結果、動脈硬化度が増加してしまうことが報告されています．また、高強度のレジスタンス運動を長年継続的に実施している人は、運動習慣のない人や有酸素運動を実施している人と比べて動脈硬化度が高い値を示すことも報告されています．一方、中強度のレジスタンス運動を行った場合、動脈硬化度は増加させることも減少させることもなく、影響しないという結果があります．さらに、低強度のレジスタンス運動を行った場合には、動脈硬化度を低下させるといった好影響を及ぼす可能性があるという報告もあります．そのため、レジスタンス運動による動脈硬化の発症リスクに対する効果は、運動強度によって変わる可能性が考えられます．

●ストレッチ運動

最近になって、ストレッチ運動は、動脈硬化の発症リスクを軽減させる効果のある運動様式の1つであることが明らかになってきています．全身ストレッチ運動を1回30分、週5日を1か月実施したところ、動脈硬化度が低下したという結果が報告されています．このように、有酸素運動だけでなく、ストレッチでも動脈硬化の発症リスクを減少させる効果があります．

● **中高齢者，肥満者でも効果が認められる**

　習慣的な運動による動脈硬化の改善効果は若年者だけでなく，中高齢者や肥満者など動脈血管の機能が低下している場合においても効果が認められており，何歳になっても運動によって血管の若さ保つだけでなく，老けた血管を若返らせる効果もあります．そのため，生涯を通じて継続することが大切です．ただし，運動による動脈硬化の発症リスクを予防・改善させる効果を得るためには，有酸素運動や低強度の筋力トレーニング，ストレッチ運動を数か月間以上継続しなければなりません．また，得られた運動効果は永遠に保つことはできません．数か月間の有酸素運動によって得られた動脈硬化の発症リスクの予防・改善効果は1〜2か月程度しか維持することができないことが明らかとなっています．そのため，運動による効果は徐々に生じていき，さらに，その効果は運動を継続させなければ維持できないことから，運動を継続的に実施できる工夫が必要であるといえます．

> **まとめ**
>
> ◆習慣的な有酸素運動により，血管の細胞から高血圧や動脈硬化を改善させる物質が産生されることより血管を若く保つことができる．
> ◆どんな運動でもいいわけではなく，高強度のレジスタンス運動などは効果がほとんどなく，運動様式によって効果が異なる．
> ◆ストレッチでも血管を若く保つことができる．

chapter 3 | sportsscience 3.06 | 血圧と運動 | 解説●本山 貢

# 運動すると高血圧のリスクが下がるのか?

## ●血圧は何歳になっても低いのが理想

　高血圧は，脳卒中や心疾患の最大の危険因子です．本邦では，約4300万人が高血圧に罹患していると推定され，日本高血圧学会が示す治療ガイドライン2014では血圧管理の重要性が強調されています．安静時の至適血圧は，収縮期血圧が120 mmHg未満かつ拡張期血圧が80 mmHg未満です．それを超えて血圧が高くなればなるほど，心血管病，脳卒中，心筋梗塞などの罹患リスクおよび死亡率が高くなります．高血圧の基準は，収縮期血圧が140 mmHg以上かつ／または拡張期血圧が90 mmHg以上になっています．血圧は年齢に関係なく正常血圧域で推移することが理想です．

　高血圧患者の場合，運動療法で降圧効果が期待できることが確立されています．しかし運動を始める前には必ずメディカルチェックを受け，運動の制限や禁止などの対策を講じたうえで実施しなければなりません．運動の対象者は，血圧値の分類がⅡ度の高血圧分類以下の者で，かつ心血管病のない高血圧患者に限ります．Ⅲ度以上の高血圧では，運動の効果が期待薄となり，生活習慣の修正や薬物療法と併用し，良好な状態になった上で開始することが重要です（表）．

## ●運動不足は高血圧の危険因子となる

　運動やスポーツを実践している者は，運動習慣のない者に比べて高血圧の罹患率が約3分の1低かったという報告があります．運動によって最大酸素摂取

**表　成人における血圧値の分類（mmHg）**

| | 分　類 | 収縮期血圧 | | 拡張期血圧 |
|---|---|---|---|---|
| 正常域血圧 | 至適血圧 | ＜120 | かつ | ＜80 |
| | 正常血圧 | 120－129 | かつ／または | 80－84 |
| | 正常高値血圧 | 130－139 | かつ／または | 85－89 |
| 高血圧 | Ⅰ度高血圧 | 140－159 | かつ／または | 90－99 |
| | Ⅱ度高血圧 | 160－179 | かつ／または | 100－109 |
| | Ⅲ度高血圧 | ≧180 | かつ／または | ≧110 |
| | （孤立性）収縮期高血圧 | ≧140 | かつ | ＜90 |

（日本高血圧学会　治療ガイドライン，2014）

量を増加させ，体力を高く維持することが高血圧の発症や予後改善に寄与する可能性があります．有酸素運動とレジスタンス運動では，有酸素運動のほうが，降圧効果が確立されています．有酸素運動では，血圧低下のみならず，体重，体脂肪，ウエスト周囲長の減少，インスリン感受性や血清脂質の改善の期待が高いことが推奨される要因です．運動強度は，最大酸素摂取量の 50% としている指針が多く，自覚的所見から推測するボルグ・スケールは「ややきつい」程度になります．米国スポーツ医学会の勧告では，やや強い運動でも心血管病リスクの減少には有用であることが示されています．しかし運動強度が強すぎると高血圧患者では運動中の血圧上昇が顕著となり，運動中に収縮期血圧が 200 mmHg 以上になると，心血管系の負担が大きくなることや正常血圧者と異なり血圧予後が悪いという指摘があります．有酸素運動は，毎日 30 分以上，定期的に行うことが目標です．連続で行うことができない時は，10 分以上を合計して 30 分以上になるようにすれば，降圧効果に違いなく期待できます．

最近では筋トレなどレジスタンス運動によって降圧効果があることがメタアナリシス*による研究でわかってきました．すなわち有酸素運動に加えて，レジスタンス運動やストレッチ運動を組み合わせることでも血圧調節ができます．

*メタアナリシスとは，複数の研究結果を統合し，分析する手法や統計解析のこと．

## ●運動と生活習慣の修正を加えると降圧効果が大きくなる

運動だけでは大きな降圧効果が期待できないため，生活習慣全体の修正が必要となります．生活習慣の修正には，運動のほか，減塩，食事，減量，節酒，禁煙などがあります．減塩では，目標 1 日 6 g 未満とすることで脳卒中のリスクを強力に抑制してくれます．1 日 1 g の減塩で約 1 mmHg 減少するという報告があります．ただしスポーツ選手の場合，極端な減塩は，パフォーマンスの低下をもたらす要因となる場合もあるため配慮することが必要です．栄養素と食品では，野菜，果物，低脂肪乳製品が豊富で（飽和脂肪酸とコレステロールが少なく，Ca，K，Mg，食物繊維が多い）DASH 食（ダッシュ食）を取る心がけが必要です．適正体重の維持では，内臓脂肪の抑制を基本として，体脂肪量が約 4 kg 減ると収縮期血圧で 4.5 mmHg，拡張期血圧で 3.2 mmHg の降圧効果が得られこと，飲酒習慣は血圧上昇の原因となり，少量の飲酒は心血管病のリスクを改善するという報告もありますが，大量の飲酒は脳卒中のリスクを高める疫学研究が数多くあります．飲酒を 80% ほど減ずると 1〜2 週間で降圧効果が認められるため，エタノールで男性 20〜30 mL 以下（おおよそ日本酒 1 合，ビール中瓶 1 本，焼酎半合弱），女性ではその約半分がお勧めです．喫煙は，がんや冠動脈疾患，脳卒中などの強力な危険因子であることから禁煙が重要です．喫煙者のみならず，非喫煙者の受動喫煙によって，24 時間血圧が

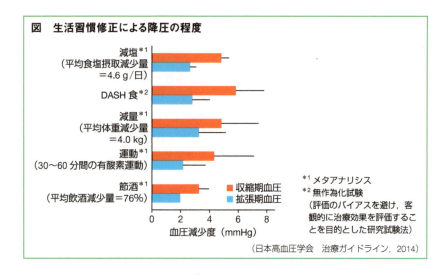

図　生活習慣修正による降圧の程度

（日本高血圧学会　治療ガイドライン，2014）

高くなりリスクが高まるという報告もあります．運動に加えて複合的な生活習慣の修正は，より高い降圧効果が得られます（図）．

● 運動の降圧効果のメカニズムと降圧効果の程度

　最大酸素摂取量の50％に相当する有酸素運動の場合，交感神経活動の抑制と血管を拡張するホルモンの分泌によって，血管の緊張が和らぎ，安静時血圧が安定します．さらに利尿作用が高まり，体内の血漿量の減少が生じます．これらの総合作用によって末梢血管抵抗が低下し，降圧効果をもたらします．レジスタンス運動のメカニズムについては，未だ明確になってはいないものの，交感神経活動の抑制効果が共通した降圧の要因です．有酸素運動の場合，1日30〜60分，週3回以上もしくは毎日運動を継続すると，徐々に血圧安定が生じます．これまでの報告では10週間後には，収縮期血圧／拡張期血圧が平均で10 mmHg/5 mmHg低下し，65歳以上の高齢者や薬物療法を併用して行った有酸素運動でも同程度の降圧効果が認められています．一方，運動を中止すると，2〜3週間後には元の状態に戻ってしまうので継続して取り組むことが重要です．

> **まとめ**
> ◆ 高血圧の運動療法は，有酸素運動を中心としてレジスタンス運動，ストレッチ運動を組み合わせるとよい．
> ◆ 運動に加えて生活習慣の修正を行うと降圧効果が大きくなる．

chapter 3 | sportsscience **3.07** | 血糖コントロールと運動 | 解説●檜垣靖樹

# 血糖値で何がわかるの？

## ●血糖値とは

　血糖とは，血液中に含まれるブドウ糖のことで，血糖値は血液1 dL（100 mL）の中にどのくらい（何mg）のブドウ糖があるかを表します．体内の細胞は，エネルギー源としてブドウ糖を利用しており，特に脳組織の活動には欠かすことのできない重要な栄養素です．特に，安静状態では血液中の糖の約50％が脳で代謝され，約20％が骨格筋や心筋で，約30％が内臓諸器官や脂肪組織で代謝されます．血糖値は，食事や運動，ストレスや薬の影響を受けて大きく変動しますので，測定した身体の状態によって大きく異なります．一般的には，朝食前の血糖値（空腹時血糖値）で評価し，健常者の基準値は70〜110 mg/dLといわれています．

## ●血糖の源は何？

　血糖の源は，大別すると外因性と内因性の2つに分かれます．外因性としては，食事によって摂取するごはん，パン，パスタの主な成分であるでんぷんです．でんぷんは，唾液中に含まれるアミラーゼという消化酵素により麦芽糖に，さらに小腸から分泌されるマルターゼなどの消化酵素によりブドウ糖に分解されます．分解されたブドウ糖は，小腸の上皮細胞の毛細血管を通じて吸収され，血液中に流れ込みます．一方，内因性としては，食事によって吸収されたブドウ糖がいったん骨格筋，肝臓および腎臓にグリコーゲンとして貯蔵され，身体のさまざまな変化に応じて分解され，血液中に放出されます．特に，長時間の運動時など多くのエネルギーが必要な場合には，貯蔵されているグリコーゲンがスポーツパフォーマンスの鍵を握るといわれています．

## ●身体の糖の貯蔵量はどれくらい？

　身体に貯蔵されている糖は，その貯蔵形態であるグリコーゲンも含めて，およそ400 g程度です（表1）．そのうち，血液中にどの程度の糖が流れているか，計算してみましょう．血液量は体重の13分の1といわれていますので，例えば体重65 kgの人の血液量は，65÷13＝5 kgとなります．血液の重さ（kg）を量（L）に換算するためには，血液比重を乗じて計算します．血液比重は，血液の濃さを表す数値のことで，同じ体積の水の重さを1とした場合の血液の重さの比です．血液比重は，赤血球の数が多く赤血球の中のヘモグロビン濃度が高い人の血液ほど高くなりますが，男性では1.052〜1.060，女性では1.049〜1.056といわれていますので，およそ1.0として計算してもよいでしょう．

**表1 からだに貯蔵されている糖**

| 組織 | 重量（g） | エネルギー量（kcal） |
|---|---|---|
| 肝臓 | 110 | 451 |
| 骨格筋 | 250 | 1025 |
| 血液 | 4 | 17 |
| 組織間液 | 11 | 45 |

[Physiology of Sport and Exercise，Wilmore と Costill らのデータをもとに，血液に含まれる糖重量を算出．]

**表2 空腹時血糖値による糖代謝異常の判定基準について**

| | 空腹時血糖値 |
|---|---|
| 正常型 | 110 mg/dL 未満 |
| 境界型 | 110 mg/dL 以上 126 mg/dL 未満 |
| 糖尿病型 | 126 mg/dL 以上 |

(「糖尿病治療ガイド」，日本糖尿病学会編・著，表2，p.19 より一部抜粋)

血液量は 5 L（50 dL）として計算すると，50（dL，血液量）× 80（mg/dL，血糖値）= 4000 mg となります．したがって，血液中を流れる糖は，体内に貯蔵されている糖（グリコーゲンも含む）の約 1% になります．

● 血糖値が高い人とは？

　血糖値は測定した時の状態によって大きく変動しますので，一般的には空腹の状態で評価します（空腹時血糖値）．健常者の血糖値の基準値は，70〜110 mg/dL（正常型）で，126 mg/dL 以上になると糖尿病型と判定されます．糖尿病型にも正常型にも属さない人は，境界型と判定されます（表2）．血液中の糖がわずか 0.8 g（110 mg/dL → 126 mg/dL に相当分）でも多く流れるだけで，正常型から逸脱することになります．血糖値は極めて厳格に調整されていることがよくわかります．境界型や糖尿病型と判定された場合，できるだけ早期に医療機関を受診して，合併症の有無や病態の状況などを調べるとともに，食事や運動などの生活習慣を見直すことが大切です．

> **まとめ**
> 
> ◆ 血糖は，私たちの生命活動を維持するために不可欠な栄養素で，ご飯，パン，パスタを食べると上昇する．
> ◆ 小腸などで消化吸収された糖は，肝臓，骨格筋，腎臓などにグリコーゲンとして貯蔵され，体内貯蔵量は約 400 g 弱．
> ◆ 空腹時血糖値が高くなると境界型や糖尿病型と判定される．

chapter 3 | sportsscience **3.08** | 血糖コントロールと運動 | 解説●檜垣靖樹

# 血糖値は運動するとどうなるの?

　運動時はエネルギー源として,活動筋の糖利用が増加しますが,血糖値は運動中もほぼ一定に保たれています.これは,肝臓に貯蔵されているグリコーゲンを糖に分解して血液中に放出し,血糖値を一定に保とうとする仕組みを持っているからです.私たちは,血糖値を下げるホルモンとして,唯一,膵臓から分泌されるインスリンしか持っていませんが,血糖値の上昇には,アドレナリン,グルカゴン,成長ホルモン,コルチゾールなど多くのホルモンを持っています.運動中は,これらのホルモンが状況に応じて上昇します.脳組織のエネルギー源は,糖に頼っていますので,血糖値が下がりすぎると,脳機能が麻痺をして,生命維持の危険性もあります.血糖上昇ホルモンに多くの役者を揃えているのは,ヒトという種の保存に必要不可欠であったのかもしれません.

### ●運動時のエネルギー源はどうなっているの?

　運動時のエネルギー源には,糖質として血糖や骨格筋中のグリコーゲン,脂質として血中遊離脂肪酸と骨格筋中の脂肪があり,運動強度や運動時間によってそれらの貢献度が異なります.例えば,呼吸も乱れないウォーキングなどの軽強度の運動では,脂質が主に使われます.一方,ゼェゼェハァハァするような高強度の運動では糖が主に使われます.図1に示したように,軽強度の運動では,消費されるエネルギーの約80%が血中の遊離脂肪酸,約10%が血中の糖,残りの約10%が骨格筋中の脂肪です.一方,高強度の運動では,約60%が骨格筋中のグリコーゲン,残りの40%は骨格筋中の脂肪,血中の遊離脂肪酸および血液中の糖で賄われます.運動強度の増加に伴い,肝臓からの糖放出は促進され,活動筋の糖取り込みも増加します.血液中から活動筋へ取り込まれる糖は,運動で消費される総エネルギー量の約10〜15%に相当します(図1).

### ●血液中の糖をどのようにして活動筋に取り込むの?

　運動中,血液中から糖を骨格筋細胞内へ取り込む時は,グルコーストランスポーターと呼ばれるたんぱく質が介在します.面白いことに,グルコーストランスポーターは,安静時には細胞の中にとどまっていて,運動すると細胞膜表面に移動して,細胞外から細胞内への糖の輸送を増強します.インスリンもまた,グルコーストランスポーターによる糖の取り込みを促進しますが,運動とインスリンのグルコーストランスポーターに対する作用メカニズムは異なるこ

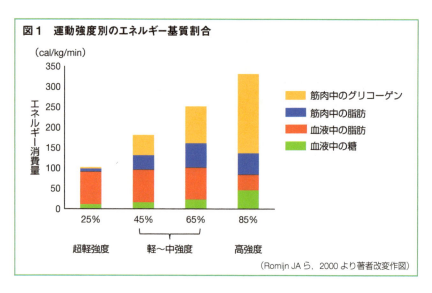

図1 運動強度別のエネルギー基質割合

（Romijn JAら，2000より著者改変作図）

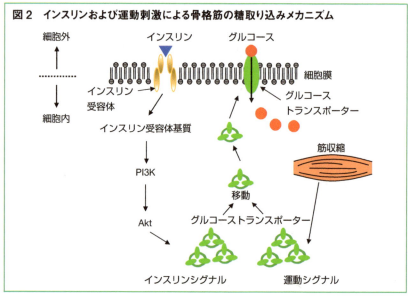

図2 インスリンおよび運動刺激による骨格筋の糖取り込みメカニズム

とが知られています（図2）．運動後はしばらくの間，骨格筋へ糖の取り込みが増加するため，肝臓では糖新生を亢進させ，糖を血中に放出しています．糖は，筋に取り込まれグリコーゲンとして再貯蔵されますが，筋グリコーゲンの再合成は，運動により消費された筋グリコーゲン量が多いほど高くなることがわかっています．

● 血糖値の高い人にはどんな運動がいいの？

　日本糖尿病学会の「糖尿病治療ガイド」によると，運動の種類は有酸素運動やレジスタンス運動が推奨されています．運動強度は，最大酸素摂取量の50％前後の有酸素運動で自覚的には「楽である」または「ややきつい」程度が目安となっています．先述したように，運動それ自体は骨格筋の糖取り込みを亢進させるので，刺激頻度が多いほど血糖を筋肉に取り込めることになります．ですから，じっとしている時間を少なくすることも血糖値のコントロールには有効でしょう．ガイドラインには，歩行運動では1回15〜30分間，1日2回を，できれば毎日行うことが望ましいとされています．骨格筋を動かして血糖値をコントロールすることは，インスリンを分泌する膵臓への負担軽減にもつながることから，からだを積極的に動かすことは，糖尿病の予防に有効です．

### まとめ

◆血糖値は，生命維持のためにいかなる状態の時も一定に維持されるように調節されている．

◆運動時には，活動筋での糖利用が増加するため，肝臓のグリコーゲンを分解して血液中に放出し，骨格筋細胞内へはグルコーストランスポーターによりインスリン作用とは異なるメカニズムで糖を取り込んでいる．

chapter 3 | sportsscience 3.09 | 疾患と運動 | 解説●福 典之

# 運動によって大腸がんの発症は予防できるか？

### ●大腸がんと運動
　運動は，がんの予防に有効でしょうか．今のところ，すべてのがんの予防に対して運動が有効か否かははっきりしていません．また，運動といっても多種多様です．不活発な生活は，がんに対するリスクが高いことを念頭に置く必要がありますが，激しい運動は，免疫機能の低下・活性酸素種の相対的増加などが原因となり，がんの予防に有効でない可能性もあります．一方で，適度な運動は，がんの予防に対して有効であると思われます．現在の知見では，がんの予防に対する運動の影響は全身のがんに効果があるわけでなく，部位特異性が認められています．そして特に大腸がんの予防に対して，運動が有効なことはこれまでの多くの研究成果から示されています．

### ●大腸がんの多段階発がんモデル
　発がん過程では，複数のがん遺伝子やがん抑制遺伝子などのがん関連遺伝子の体細胞変異が蓄積されていくことが明らかになっています．微少な前がん病変から進行がんに至る各進行度の腫瘍における遺伝子変異を，ヒトおよび実験動物において検討した結果，多段階発がんモデルが提唱されています．大腸がんは「正常上皮細胞→異常腺窩（Aberrant Crypt Foci；ACF）→腺腫（いわゆるポリープ）」を経由して最終的に「がん腫」になると考えられていて，ACFは大腸がんの初期病変あるいは前がん病変として位置づけられています．実際にヒトを対象とした検討において，ACF保有率は大腸がんの進展度と関連性があることが報告されています．したがって，この大腸がんの前がん病変であるACFの発生予防を図ることが大腸がんの一次予防にとって重要です．

### ●大腸がんの前がん病変（ACF）に与える運動の影響
　筆者らは，大腸がんの前がん病変（ACF）に及ぼす運動トレーニングの影響について実験動物を用いて検討したところ，大腸のACF数が走運動したグループにおいて運動をしないグループよりも低値を示しました（図）．ヒトを対象とした検討においても，中等度強度から比較的強度の高い身体運動を1日1時間，週5回を1年間継続すると，大腸がんの予防に重要とされる細胞増殖能マーカーが，運動をしないグループよりも小さくなることが報告されています．以上のことから，身体運動は，大腸がんの発症に至る初期の段階を抑制すると考

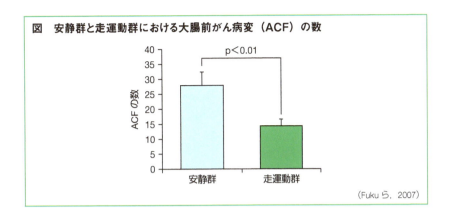

図　安静群と走運動群における大腸前がん病変（ACF）の数

(Fukuら，2007)

えられます．

　一方，運動トレーニングを日頃実施していない実験動物に，疲労困憊になるような一過性の水泳運動を行わせると，ACFの数が安静群よりも高値になります．したがって，運動経験を有しない人に過激な運動をさせると大腸がんへの罹患リスクを高める可能性があります．

● 運動による大腸がんの予防機構

　運動によるがんの発症および進展に及ぼす生化学的メカニズムについては，多くの仮説があります．それには，腸管蠕動運動の促進による便中発がん物質の低下，肥満の予防，細胞増殖因子である血中インスリン濃度の低下，免疫監視機構の増強，活性酸素の除去システムの増大などが含まれます．もし，免疫監視機構ならびに活性酸素の除去システムなどの全身に影響を及ぼす因子が，運動によって増強され，大腸がん発症が抑制されるならば，運動のがん発症予防効果は大腸がんだけでなく，他部位のがんにおいても効果があるはずです．運動による蠕動運動促進といった局所的な因子あるいは局所的な因子と全身性の因子の相互作用が大腸がんの予防メカニズムとして重要である可能性があります．

　前がん病変であるACFが発生してから悪性のがん腫になるまでには数十年の年月が必要です．したがって，その一次予防は若い頃から実施することが望まれます．10歳代ないしは20歳代から適度な身体運動を継続的に実施して「がんの芽（ACF）」を摘むことができれば，40歳以降の大腸がんの発症予防につながる可能性があります．

### まとめ

◆運動は大腸がんの予防に対して有効である．
◆前がん病変の発症・進展が運動によって予防できる可能性がある．
◆若年期・青年期の運動は壮年期以降の大腸がんの予防に有効かもしれない．

chapter 3 | sportsscience 3.10 | サルコペニア・フレイル | 解説●山田 実

# 高齢者でもトレーニングすれば筋肉がつくって本当なの？

●**多くの高齢者が陥る骨格筋機能低下**

　加齢に伴って骨格筋量が減少してしまうことを示すサルコペニア，加齢に伴って生理的予備能が低下した状態であるフレイル，いずれも要介護の主たる要因に挙げられています．これらは適切な対策を講じることによって予防や改善が可能と言われています．

　特に理由がないけど「最近，体重が減ってきた，手足が細くなってきた，歩く速度が遅くなった，椅子から立ちあがりにくくなった」などと感じる方は，サルコペニアやフレイルになっている可能性があります．このような状態を放置（軽視）しておくと，近い将来介護が必要になる可能性が高まることになります．「あれっ」と気づいた時，または老後の備えとしてサルコペニア・フレイル対策を始めましょう．

●**サルコペニアを判定するために**

　サルコペニアを判定する際には，二重エネルギーX線吸収法（DXA；Dual Energy X-Ray Absorptiometry）や生体電気インピーダンス法（BIA；Bioimpedance Analysis）を用いた骨格筋量を計測や，握力や歩行速度の計測を行います（p.112参照）．ですが，すべての高齢者に対してこのような検査を実施することは難しいので，ここでは自分自身で簡便にチェックできる方法も紹介しておきましょう．例えば，①自身の両手の親指と人差し指で作った輪がふくらはぎよりも大きくなっていないか？，②両脚ともに片脚立位が8秒以上できるのか？，③椅子からの立ち座りの5回繰り返し時間が10秒以内で行えるか？，などを確認することでサルコペニアをスクリーニングすることが可能です．①〜③の中で2項目以上該当した場合には，サルコペニアの可能性が高いといえます．

●**骨格筋機能を高めるために**

　では，サルコペニア・フレイルの予防・改善には何が必要でしょうか？　もっとも重要かつ有用な対策法は「運動」です．特に，レジスタンス運動（いわゆる筋トレ）には，高齢者であっても筋力増強や骨格筋量増加といった骨格筋機能向上効果が期待できるとされています（図）．重要なのは『運動量』です．具体的には，「負荷量（抵抗量）×回数×セット数×トレーニング頻度×トレー

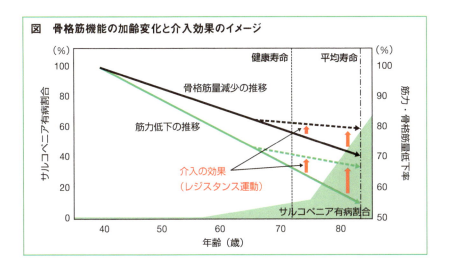

図　骨格筋機能の加齢変化と介入効果のイメージ

ニング期間」で算出される値が大きいほど，骨格筋機能の向上効果が大きいと考えられます．高齢者が対象の場合には，レジスタンストレーニングの負荷量をそれほど高める必要はありません．

　また，運動内容ばかりに目を向けるのではなく，トレーニングの下地として栄養に関しても意識を向ける必要があります．特に，前述のサルコペニア・フレイルの高齢者では，たんぱく質摂取量が不足しがちです．このような高齢者に対しては，運動と平行してたんぱく質・アミノ酸補給が重要になります．実際，複数の研究によって，運動と栄養の併用介入には，運動単独の介入よりも筋力を高め，骨格筋量を増加させるような効果があることが示されています．

● 骨格筋機能を高め健康寿命を延伸する

　2016年，日本の高齢化率は27％を超え，平均寿命も男性で80歳，女性で86歳を超えるまでに延びてきました．一方，健康寿命は，男性で71歳，女性で75歳に留まり，健康寿命と平均寿命の差を埋められない状況が続いています．このような超高齢社会の中で，骨格筋機能を高めることは，健康寿命の延伸に寄与する重要な戦略の一つとなります．運動には適切な栄養補給が必要となることを今一度確認して，健康寿命の延伸を目指しましょう．

まとめ

◆ 高齢者であっても，十分な量を担保した運動と適切なたんぱく質・アミノ酸補給によって，骨格筋機能を高めることが可能である．
◆ 骨格筋機能の向上は，健康寿命の延伸につながる．

# サルコペニアとサルコペニア肥満って何?

## ●サルコペニアとは?

サルコペニアとは sarx（ギリシャ語の「肉」）+ penia（ギリシャ語の「減少」）から作られた言葉であり，Rosenberg により 1989 年に「加齢による骨格筋量の減少」として提唱されたものです．

もともと，サルコペニアは概念であり，定義や診断基準は存在しなかったのですが，2010 年にヨーロッパのワーキンググループ（European Working Group on Sarcopenia in Older People：EWGSOP）よりサルコペニアに関するコンセンサスが発表され，対象は高齢者に限定し，骨格筋量の減少だけではなく，身体機能（歩行速度）および筋力の低下を含むことが推奨されました．また，2014 年 1 月に発表されたアジアのワーキンググループ（Asian Working Group for Sarcopenia：AWGS）によるコンセンサスにおいても，対象を高齢者にすることと，握力と歩行速度の測定が，そのアルゴリズムの最初に位置づけられています（図 1）．したがって，現在のサルコペニアの解釈は，骨格筋量の減少だけでなく，身体機能（歩行速度）および筋力の低下まで進行した状態であるといえます．

## ●骨格筋量の診断基準の SMI

骨格筋量の診断基準には SMI（Skeletal Muscle Mass Index）が世界的に多く用いられています．SMI とは四肢骨格筋量（Appendicular Muscle Mass：AMM）を身長の二乗で除した骨格筋指数あるいは指標です（SMI＝AMM（kg）/身長（m）$^2$）．なお，骨格筋量の測定法としては DXA（Dual Energy X-ray Absorptiometry：二重エネルギー X 線吸収法）法が妥当とされていますが，測定施設が限られるため，生体インピーダンス（Bioelectrical Impedance Analysis：BIA）法による測定も推奨されています．わが国は BIA 法の体組成計が非常に普及しており，近年では AMM を計測できる機器も比較的安価に購入できるようになりました．したがって，SMI の測定・評価が一般化していくことも遠い話ではないでしょう．しかし，BIA 法は機種ごとの測定値に誤差が存在します．また，市販されている BIA 法の機種は，筋量・骨格筋量の算出方法がブラックボックスであるものがほとんどです．すなわち，得られている数値の真偽や誤差も知らずに使用されている現状を認識する必要もあります．

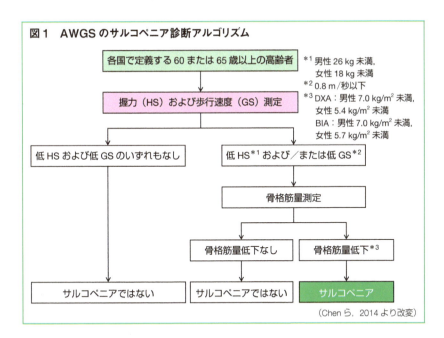

図1 AWGSのサルコペニア診断アルゴリズム
(Chenら，2014より改変)

　わが国では，Sanadaら（2010）の提案する，SMI男性 7.77 kg/m$^2$，女性 6.12 kg/m$^2$以下をクラス1（サルコペニア予備群），男性 6.87 kg/m$^2$，女性 5.46 kg/m$^2$以下をクラス2（サルコペニア）との基準が多用されてきました．2014年のAWGSのコンセンサスでは，DXA法：男性 7.0 kg/m$^2$未満，女性 5.4 kg/m$^2$未満，BIA法：男性 7.0 kg/m$^2$未満，女性 5.7 kg/m$^2$未満が提唱されています．したがって，研究の発表年によってSMIの基準に違いがあるので注意してください．

● サルコペニア肥満の概念・定義・診断基準

　サルコペニア肥満は1996年にカリフォルニア大学ロサンゼルス校（UCLA）医学部教授のHeberらによって提唱されました．Heberらは306名の肥満者の中でBIA法による骨格筋量が少ない集団をサルコペニア肥満として定義しています．したがって，サルコペニア肥満提唱者のHeberらの述べるサルコペニア肥満者は，現在ではサルコペニアではない可能性もあります．

　わが国において，肥満は「脂肪組織が過剰に蓄積した状態で，BMI（body mass index）25 kg/m$^2$以上のもの」と定義されています．一方，サルコペニア肥満における肥満の判定にはBMI，体脂肪率，体脂肪量，ウエスト周囲長，内臓脂肪などが用いられており統一されてはいません．なお，EWGSOPのコンセンサスを監訳した厚生労働省の研究班（2012）は，そのQ&Aの中でサルコペニア肥満の肥満の判定には，体脂肪率を用いることを推奨しており，わが

国の基準値として男性 25%，女性 30%が適切であろうとしています（コンセンサスが得られた状態ではありません）．

サルコペニア肥満とは肥満とサルコペニアの両者を兼ね備えた状態であると理解されています．しかしながら，サルコペニア肥満の定義や診断基準は，未だ定まっていません．サルコペニア肥満に関する先行研究は，肥満とサルコペニアの判定基準の種類，基準値，ならびに組み合わせがさまざまであることを認識しなければなりません．

● フレイルって何？

2014 年 5 月に「フレイルに関する日本老年医学会からのステートメント」が発表されました．「フレイル」とは英語の「虚弱」を意味する "Frailty" から来ており，「加齢に伴って，もう戻らない老い衰えた状態」との印象を与えますが，日本老年医学会は本来の "Frailty" の意味には「しかるべき介入により再び健常な状態に戻るという可逆性が含まれている（図 2）」ことから，"Frailty" の日本語訳を「フレイル」とし，本来の意味の認知度を上げようとしています．

これまで，健康な状態から要支援・要介護に至るまでの中段階的な時期を，「老化現象」として見過ごされてきましたが，「フレイル」という呼称が知られることにより，その状態を早期に発見し適切な介入をすることにより，生活機能の維持・向上を図ることが期待されます．

フレイルの概念は 1980 年代以前より存在していましたが，2001 年に Fried らが発表した，体重減少，易疲労感，筋力低下，歩行速度低下，身体活動性の低下の内，3 項目以上該当した場合をフレイル，1 〜 2 項目の該当をプレ・フレイルと定義しました．この Fried らの定義は広く知られていますが，精神心理的・社会的要素が含まれていないため，身体的フレイルの診断として用いら

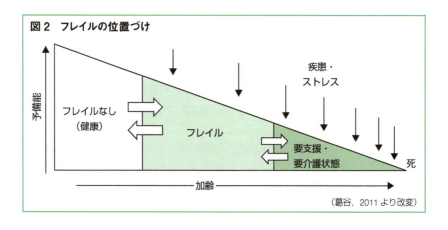

図 2　フレイルの位置づけ

（葛谷，2011 より改変）

れています．現時点では，フレイルは世界的にも定義や診断基準のコンセンサスが得られていません．実質的にはエビデンスの構築が始まったばかりといえる状況です．

> **まとめ**
> ◆現在のサルコペニアの解釈は，骨格筋量の減少だけでなく，身体機能（歩行速度）および筋力の低下まで進行した状態である．
> ◆骨格筋量の診断基準には SMI が世界的に用いられている．
> ◆サルコペニア肥満の定義や診断基準は，いまだ定まっていない．
> ◆現時点では，フレイルの定義や診断基準のコンセンサスが得られていない．

chapter 3 | sportsscience 3.12 | 水中運動 | 解説●佐藤大輔

# 水中運動は介護予防・寝たきり予防に効果があるの？

● **水中運動の特徴とは？　～免荷効果・バランス保持効果・リラックス効果**

　私たちのからだは，水の中に入るだけで，水圧，浮力，抵抗，水温の影響を受けます．その影響は，心臓に戻る血液量（静脈還流）の増加や副交感神経の亢進などの生理的な変化から，心地よさや浮遊感といった心理的な変化まで，多岐にわたります．水中運動とは，そのような水の特性を活かして行う運動のことで，最近では，健康づくりやリハビリテーションの一環として用いられており，愛好家も多くみられます．

　その特徴の1つが，免荷効果です．水中では，からだが押しのけた水の重量と同じ大きさの浮力がかかります．そのため，水の中で運動する場合，脚にかかる負荷は劇的に減少します．つまり，足，膝および股関節などの下肢にかかる負荷が軽減されるため，肥満，関節疾患，下肢筋力の低下した高齢者にとって，快適にからだを動かせる環境といえます．

　2つ目の特徴が，バランス保持効果です．水中を移動する場合，浮力に加えて，あらゆる方向から水の抵抗を受けます．このことは，からだを推進させるために働く筋に刺激を与えると同時に，からだを支持する働きを持ちます．つまり，水中での運動中にからだのバランスが崩れても，修正できる時間的余裕ができるので，運動中の転倒リスクが下がります．

　もう1つの特徴は，リラックス効果です．水の中に入ると，その水温に関わらず，交感神経活動が抑制され，副交感神経活動が高められます．これは，水圧がかかり静脈還流が増加することによると考えられています．私たちが調べた結果，水から出た後も，ストレスに対する交感神経反応が抑えられます（図1）．

　一方，これら3つの特徴について，気を付けなければならないこともあります．免荷効果は，私たちが地上でからだを支えるために必要な筋（抗重力筋）に対する刺激を低下させます．つまり，抗重力筋に対する効果はあまり期待できません．また，バランス保持効果についても，転倒の危険性は下がりますが，溺れる危険性があることを忘れてはいけません．さらに，自律神経活動の変化

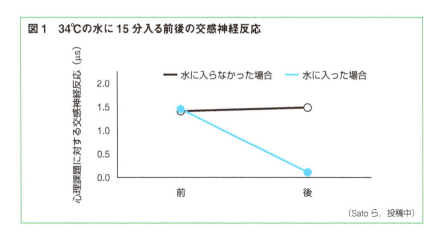

図1　34℃の水に15分入る前後の交感神経反応

（Satoら，投稿中）

は，動脈硬化の進んでいる方の冠動脈痙攣を引き起こす可能性もあるため，注意が必要です．

● 介護予防・寝たきり予防効果はあるの？

　水中運動は，水中歩行，水中筋力トレーニング，水中バランストレーニング，水中ストレッチング，水中でのエアロビクス（アクアビクス）などの内容から構成される総合的な運動プログラムです．一般的には，有酸素性運動として認識されていますが，最近では，介護予防（要介護状態に陥ること，および要介護状態が悪化することの予防）や寝たきり予防にも応用されています．

　要介護・寝たきりになる主な原因には，脳血管疾患，高齢による衰弱や転倒・骨折，認知症があり，いずれの問題にも水中運動の効果が調べられています．まず，脳血管疾患に注目すると，水中運動の降圧効果は高いといわれています．これには，運動実践による効果（末梢血管抵抗の低下，心血管の弾力性の増大，血漿ノルエピネフィリン濃度の低下，交感神経緊張の低下など）に加え，静脈還流の増加や副交感神経活動による血管の拡張作用が関与しています．また，転倒予防の観点から，バランス能力に対する影響も調べられています．水中運動では水の抵抗が適度な支えとなるため，バランスを崩しても，姿勢の矯正ができます．すなわち，水中でバランスを崩しながら，さまざまな姿勢を経験することで，筋の固有受容器や体幹・下肢の深層筋などが刺激され，バランス能力が改善できるといわれています．認知症予防に関しては，水中運動の認知機能（見当識，理解・判断，記憶，実行機能など）に対する効果が調査され始めています．水に入ることや水中運動が，脳血流量を増加させることがわかっていますので，今後の研究の進展が期待されています．

　次に，要介護状態が悪化することや寝たきりを防ぐ手立てとしての水中運動の効果をみると，日常生活動作（Activities of Daily Living：ADL）能力や生活

### 図2 水中での起居・移乗移動動作訓練

A) 立ち座り動作
B) 階段昇降動作
C) 起き上がり動作

の質（Quality of Life：QOL）を高めることが知られています．この理由としては，普段の生活では介助の必要な起居・移乗移動動作（起き上がりや歩行など）でも，水中では免荷効果やバランス保持効果を得られるため，自立状態で動作ができることがあげられます（図2）．また，そのことが自身や自己効力感につながることから，QOLの向上も期待できます．

### まとめ

◆水中では，免荷効果，バランス保持効果およびリラックス効果などが期待できるが，危険性もあるので，実践には注意が必要である．
◆水中運動の実践は，介護予防や寝たきり予防が期待できる．

chapter 3 | sportsscience 3.13 | 中高年者と筋トレ | 解説●渡邊裕也

# 中高年者にはどのような筋力トレーニングが効果的か？

## ●一般的な筋力トレーニングは中高年者にも有効

　筋肉量を増加させるには，最大挙上重量（One-repetition maximum：1RM）の70％（70％ 1RM）以上の比較的重い負荷で行う筋力トレーニングが最も効果的です．このようなトレーニング法が中高年者にも有効であることは古くから知られています．例えば，60〜72歳の男性に対して，80％ 1RMの負荷で行う膝伸展・屈曲のトレーニング（各3セット）を週に3回，12週間実施したところ，大腿中央の筋横断面積が11.4％増加し，膝伸展・屈曲の筋力も向上したことが報告されています（図）．

　筋力トレーニングは低体力高齢者に対しても有効です．87〜96歳の施設入居高齢者が週3回の膝伸展トレーニング（80％ 1RM，3セット）を8週間実施することで，大腿中央の筋横断面積が9.0％増加し，膝伸展筋力や歩行能力が大幅に改善したことが示されています．このように自身にとって重い負荷（80％ 1RM程度）を使った最もスタンダードな筋力トレーニングは中高年者の筋肉量や筋機能の改善に極めて有効です．高齢期以降，特に衰えやすい筋肉は，大腿四頭筋，大殿筋，大腰筋，腹筋群，背筋群など重力に逆らって身体を支える筋肉です（p.186参照）．これらの筋肉は，「立つ」，「歩く」，「直立姿勢を維持する」といった日常的な活動の基盤となるので，人々が自立して元気に暮らしていくには，これらの筋肉の量を維持し，その機能の低下を防ぐことが求められます．

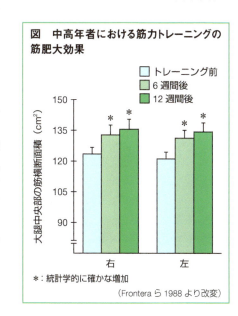

図　中高年者における筋力トレーニングの筋肥大効果

＊：統計学的に確かな増加

（Frontera ら 1988 より改変）

## ●中高年者の筋力トレーニングの注意点

　中高年者を対象とした筋力トレーニングの安全性については，

適切に実施する限り，その他のほとんどのスポーツやレクリエーション活動と比べて安全であり，外傷・障害発生率も低いとされています．しかし実際に行う際には，安全性への配慮が必要となります．筋肉に直接強い刺激を与える筋力トレーニングは，重い負荷を扱うので，当然，筋肉や関節に強い力が作用します．特に，動作の切り返しの際には，瞬間的に強い力がかかります．こういった負担は，トレーニング中の整形外科的な傷害につながる可能性があります．なお，中高年者におけるトレーニング中の筋骨格系のけがは，ほぼすべて1RMの測定時に発生しています．中高年者に最大筋力を発揮させる際には，特に注意が必要となります．また，強い力発揮に伴う過度な血圧上昇も注意が必要なポイントです．息を止めて腹圧を高め，体幹をしっかり固定した状態で行う高負荷筋力トレーニングでは，収縮期血圧が 300 mmHg に達することもあります．このような運動中の急激な血圧上昇は虚血性心疾患や大動脈解離等の急性の心臓血管系疾患のリスクとなります．中高年者や心臓血管系に問題を抱える人が筋力トレーニングを実施する場合，息を止めずに反復できる程度の重量設定が，安全性の観点から望ましいでしょう．また，トレーニング中に息を吐きながら力を出すようにすることも重要になります．

● **道具を使わずにどこでも実施可能なトレーニングプログラム**

　筋力トレーニングの効果を中高年者に幅広く普及させるには，からだへの負担を軽減しつつ筋機能の向上を図る工夫や特別な器具を必要としない利便性が条件となります．近年，軽微な負荷であっても，方法次第で十分な効果を得られることがわかっています．スロートレーニング（筋発揮張力維持スロー法）は，その実践的な方法の1つです．スロートレーニングはややゆっくりした速度で鍛える筋肉に力を入れたまま動作することで，軽微な負荷（50％ 1RM 程度）でも高負荷トレーニング（80％ 1RM 程度）と同じくらい筋肉量を増やす効果があります．この方法は用いる負荷が軽く，急な加減速をする局面がないため，関節にかかる負担も小さくなり，運動中の血圧上昇も高負荷トレーニングに比べ低く抑えられます．スロートレーニングをスクワットなどの自体重を利用するエクササイズに応用することで，特別な施設や道具がなくても効果的なトレーニングが実施可能となります．

---

**まとめ**

◆ 80％ 1RM 程度の負荷で行うスタンダードな筋力トレーニングは，中高年者においても筋肥大・筋力増強に有効である．
◆ 中高年者が筋力トレーニングを行う際には安全性への配慮が必要である．
◆ 工夫次第で特別な施設や道具がなくても十分な効果を得られる．

chapter 3　sports science 3.14　筋肉痛　　解説●野坂和則

# 筋肉痛が遅れて出るのは年をとった証拠？

　大学生に「筋肉痛は年をとると遅れて出るようになる」というような内容の話を聞いたことがあるかと訪ねたところ，約7割の学生が，「はい」と答えました．そして，「筋肉痛は年をとると遅れて出るのは本当だと思うか」と聞いたところ，約6割の学生が，「はい」でした．この根拠として，ある学生は「高校生の時は，運動中から運動直後に筋肉痛が出ていたが，大学生になってから，運動の翌日に起こるようになったから」と答えました．この答えが示しているように，異なった種類の筋肉痛を比べていることがわかります．

●筋肉痛の種類

　運動後12時間程度経過してから発生する筋肉痛を遅発性筋肉痛といい，伸張性筋収縮に伴う結合組織の炎症が主な原因であることは前に述べました（p.27参照）．例えば，重いダンベルをゆっくり下ろす運動を数十回繰り返した翌日に起こる筋肉痛は遅発性筋肉痛です．重いダンベルを，肘を曲げたまま長時間持っていても筋肉が痛くなります．これは，筋肉への血流が妨げられて虚血状態になり，また筋肉の内圧が高まり，痛みの受容器であるAδ線維やC線維が刺激されることによって起こると考えられます．この場合，筋力発揮を中断すれば痛みはほとんどなくなります．筋がけいれんしている時には，非常に強い痛みが出ます．筋けいれんが治まると痛みは軽くなりますが，場合によっては翌日以降にも痛みが残ることがあります．また肉離れのように，筋膜や筋線維に傷害が起こった場合にも，激しい痛みが起こり，痛みは翌日以降も継続します．運動中から運動直後に生じる痛みと，遅発性筋肉痛は異なります．

●伸張性筋収縮運動後の筋肉痛

　全力で筋力発揮をしている肘屈筋群を30回繰り返して引き伸す運動を，大学生（平均年齢20歳），中年（45歳），高齢者（65歳）に行ってもらい，筋肉痛の出方を比べた研究によると，筋肉痛が出るタイミングには年齢差はなく，どの年齢でも1日後から痛みが出ました（図1）．興味深いことに，筋肉痛の程度は，大学生で大きく中年と高齢者では低くなっていました．これは，痛みの経験や痛みの感受性と関係していると考えられます．実際に，高齢者の一人は，「この筋肉の痛みは，尿路結石の時に味わった痛みに比べれば，たいしたことはない」と言っていました．

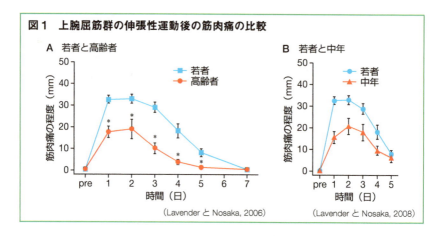

図1 上腕屈筋群の伸張性運動後の筋肉痛の比較

上記の運動を子供が行った場合はどうでしょうか？ 9〜10歳（思春期前），14〜15歳（思春期）の子供の筋肉痛は，大学生の筋肉痛に比べ軽度でしたが，筋肉痛が起こるタイミングには大学生との違いはみられませんでした（図2）．特に，思春期前の子供の筋肉痛はわずかでした．これらの結果から，遅発性筋肉痛が発現するタイミングには年齢差はほとんどないことがわかります．「年をとると筋肉痛が遅れてでるようになる」と感じるのは，運動の頻度や種類の違いによるのかもしれません．「若い」時は，普段から運動をしていて，遅発性筋肉痛が起

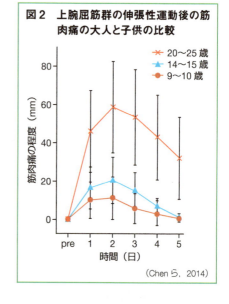

図2 上腕屈筋群の伸張性運動後の筋肉痛の大人と子供の比較

こりにくく，激しい運動をして運動中に生じる筋肉痛を経験することが多いのに対し，中高年者は年をとって運動する機会が減り，より遅発性筋肉痛が起こりやすい状態になり，運動も制限して行うために運動中に生じる筋肉痛を経験しなくなっている可能性があります．

### まとめ

- ◆筋肉痛が生じるタイミングは，年よりも運動の種類による．
- ◆遅発性筋肉痛は，年齢に関係なく遅れて出る．

chapter 3 | sportsscience 3.15 | ウエイトコントロールと運動 | 解説●中田由夫

# 運動すればウエイトコントロールはできるの?

### ●食事と運動による体重管理

　体重の増減は，健康の重要なパラメータです．食べ過ぎ，運動不足があれば体重が徐々に増えていきますし，栄養不足であれば徐々に減っていきます．もし，特にウエイトコントロールしようと思っていないのにも関わらず，体重が増えたり減ったりしていた場合には，生活習慣を見直し，不健康な食生活，運動習慣になっていないかを確認する必要があります．特に思い当たる生活習慣がなければ，何らかの病気が原因になっているかもしれません．体重管理＝体重が変わらないことを確認することは，健康管理の第一歩なのです．

　もし，意図的にウエイトコントロールしたいと思っているのであれば，ある程度，論理的に説明することができます．体重は，体脂肪，骨格筋，内臓諸器官，骨などによって構成されています．運動をすれば骨格筋量や骨量が増えると考えられますが，相当強度の高い運動を計画的に継続する必要がありますし，体脂肪の増減と比べれば，その変化量は小さくなります．したがって，ウエイトコントロールで増減するのは基本的には体脂肪とみなすことができます．もちろん，水分をたくさんとれば体重は増えますし，発汗等で体水分量が減れば体重も減ります．体重測定の際には，体水分量の増減による影響を受けないように，早朝空腹時の排尿・排便後など，できるだけ条件を統一してください．

　体脂肪1kgはおよそ7,000kcalです．1kgの体重変化は，7,000kcal分のエネルギーを余分に摂ったり，エネルギー不足の状態であったりした証拠です．食事によるエネルギー摂取量と運動によるエネルギー消費量は，基本的に釣り合うようにできています．これは，脳の満腹中枢によって，ヒトの食行動がコントロールされているからです．すなわち，からだを動かしてエネルギーを消費すれば，空腹感を感じ，食事をとります．適量のエネルギーをとれば，満腹感を感じ，食事をやめます．普段よりもたくさんからだを動かせば，その分，たくさんの食事をとるように指令を受けますし，あまりからだを動かさなければ，空腹感を強くは感じず，食事量は少なくなります．このように，満腹中枢に従った食行動をとっていれば，大きく体重が変動することはないのです．

　意図的にウエイトコントロールする場合，このような満腹中枢の指令に逆らうことが必要になります．「エネルギー摂取量＜エネルギー消費量」の状態を意

### 図　ウエイトコントロールのためのプランシート

【目標設定】
- 現在の体重（ a ）kg
- 目標体重（ b ）kg
- 目標達成までの期間（ c ）か月

【目標達成のためのプラン】
- 燃焼させるエネルギー量＝(a−b)×7,000 kcal
- 燃焼させる日数＝c×30 日
- 1日あたりに燃焼させるエネルギー量
  ＝(a−b)×7,000÷(c×30)kcal/日
  ＝(d+e)kcal/日
- 1日あたりに減らすエネルギー摂取量（ d ）kcal
- 1日あたりに増やすエネルギー消費量（ e ）kcal

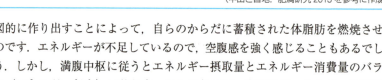

（中田と宮地，肥満研究 2013 を参考に作成）

図的に作り出すことによって，自らのからだに蓄積された体脂肪を燃焼させるのです．エネルギーが不足しているので，空腹感を強く感じることもあるでしょう．しかし，満腹中枢に従うとエネルギー摂取量とエネルギー消費量のバランス（エネルギー収支）は釣り合ってしまうので，意図的にエネルギー摂取量を制限する必要があるのです．ただし，無理にエネルギー摂取量を制限すると，体脂肪だけでなく，本来は保持したい骨格筋量まで減少する危険性があります．

　食事によるエネルギー摂取量の制限と運動によるエネルギー消費量の増加をバランスよく組み合わせることが大切です．運動だけでウエイトコントロールを達成するためには，増やした運動量分のエネルギーを食事で補わないように，エネルギー摂取量を一定に保つことが必要になります．ところが，通常の食行動は満腹中枢に従っているため，「エネルギー摂取量を一定に保つ」ことは，栄養計算ができる人でなければ難しいでしょう．そのため，運動だけでウエイトコントロールしようと思ったとしても，食事の管理はある程度，必要になってきます．少なくとも食事によるエネルギー摂取量が増えないように食事を管理したうえで，いつもより多くのエネルギーを消費できるように，運動量を増やします．そうすると，エネルギー収支が大きく負に傾きますので，効率よく減量することができるのです．具体的な1日あたりの目標値は図に示したプランシートで計算することができます．

### まとめ

- ◆ウエイトコントロールで増減するのは基本的には体脂肪．
- ◆体脂肪の増減は，エネルギー摂取量とエネルギー消費量のバランスで決まる．
- ◆食事によるエネルギー摂取量を増やさない，という約束ができれば，運動だけで体脂肪を減らすことができるが，多くの場合，食事の管理も必要になる．

chapter 3 | sportsscience 3.16 | 子どもの肥満 | 解説●冨樫健二

# 肥満の子供には
# どう運動を勧めればいいの?

## ●肥満の子供に対する運動の基本的な考え方は?

　昔に比べ，子供達のからだを動かす機会が減っており，肥満を呈する子供が増えてきています．蓄積した脂肪を減らすためには，摂取エネルギーを減少させるか，消費エネルギーを増大させる必要があります．成長期の子供にとって過度な食事制限は好ましくないので，成長に必要なエネルギー・栄養素は摂取し，運動によって消費エネルギーを増大させることが大切です．

　身体活動に関する国内外のガイドラインでは，1日に60分の中～高強度な運動が肥満の予防のために推奨されています．一口に運動と言っても対象の性別や年齢，肥満度，運動に対する嗜好性などによって行い方が異なります．

　一般に女児は男児に比べ身体活動量(歩数)や高い強度での身体活動時間が少ないことが知られています．また，休日では登下校や体育の授業がないので平日に比べ歩数が少ないことや，発育に伴う歩幅の増加により平均歩数は減少していきます．さらに肥満の程度が高くなるにつれ歩数も減っていきます．よって，成人のように単純に「1日1万歩」とアドバイスするのではなく，運動を始める前にどんな運動であれば継続できそうなのか，現在の身体活動量はどの程度あるのか，時間はどれくらい使えるのかなどを聴取し，生活の中に無理なく運動を位置づけることが必要です．

## ●肥満の子供は運動嫌いのことが多いのですが，どのような運動を勧めたらよいですか?

　肥満の子供に好きな運動，嫌いな運動を尋ねると，好きな運動としてトップに上がるのがドッジボール，サッカーなどの球技(58.6%)，次いでスイミング(14.9%)や縄跳び(9.2%)などの個人でできる種目となります．一方，嫌いな運動ではトップが持久走やかけっこなどの走ること(49.3%)，次いで鉄棒(23.4%)，跳び箱(7.8%)など自分の体重が負荷になる種目が上位を占めます(冨樫ら，2012)．ですので，一緒に運動を行う仲間がいるのであれば，ゲーム性のある好きな球技を行うことを勧め，多人数で行うのが難しいようであればスイミング教室などへの参加を勧めてあげてください．ただし，水中は浮力が働き膝や腰への負担は少ないのですが，泳いでいないと意外にエネルギー消費量は少ないので注意が必要です．肥満度が軽度～中等度であれば一人でき

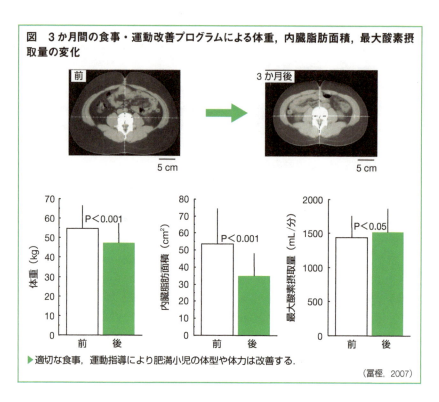

図 3か月間の食事・運動改善プログラムによる体重，内臓脂肪面積，最大酸素摂取量の変化

▶適切な食事，運動指導により肥満小児の体型や体力は改善する．

(冨樫, 2007)

る縄跳びも勧められます．その際，縄跳び検定カードなどを用いて一人でも楽しみながら運動が続けられるよう，また，目標が達成できた時には賞賛をしてあげることも大切です．運動を行う際には万歩計を装着することを勧め，その日に行った運動量を可視化できるようにすることも有効です（セルフモニタリング）．そして，行った運動の量と肥満度の変化の関係がわかるようなグラフなどを作成すると，行動の強化につながります．

● 肥満の子供に対する減量プログラムの効果は？

運動を行うと自律神経である交感神経が活性化され，その末端からノルアドレナリンという物質が分泌されます．脂肪はこのノルアドレナリンによってグリセロールと脂肪酸に分解され，脂肪酸は筋肉でのエネルギー源となります．強度が高く短時間で終わる運動において，脂肪はエネルギー源としてあまり使われません．ですから，脂肪の減少を目的とするならば軽度〜中等度ぐらいの強度で長く続けられる運動が望まれます．

また，成人同様，肥満の子供においてもおなかの深部にある内臓脂肪はいろいろな病気と関連しますが，食事療法と運動療法を併用したプログラムによって減少することが明らかになっています（図）．

肥満の子供において血糖値が異常値を示すことはほとんどありませんが，血糖値を下げるホルモンであるインスリン値は高値を示していることがよくあります．これは血糖値を適正範囲内に維持するためにインスリンを作る膵臓が無理をしていることを表しています．この状態が長く続くと膵臓が疲れてしまい，インスリンが出にくくなる2型の糖尿病へ移行していきます．運動は筋肉を使う活動であり，運動をすることで血糖を筋肉内に取り込み，膵臓からインスリンが分泌されるのを少なくすることができます．つまり，肥満の子供にとって運動は将来2型糖尿病へ移行する確率を低くする効果があります．また，運動の継続は心肺機能，筋機能を向上させ，持久力（最大酸素摂取量）や筋力など体力面を向上させます（図）．

### まとめ

- ◆子供本人に継続できそうな運動を聞き，その運動が行える環境を整える．
- ◆有酸素運動を基本とし，はじめは低い強度，短い時間から，できれば誰かと一緒に行う．
- ◆対象児の性別，年齢，肥満度を考慮に入れ，バリエーション豊かに具体的なアドバイスを行う．
- ◆歩数計などを用い，行った運動と肥満度減少との関わりを理解させる．

chapter 3　sportsscience 3.17　　小児と運動　　　　解説●冨樫健二

# 子供の時の運動やスポーツが体組成および体力に与える影響は？

● 現代の子供はどれくらい動いているの？

　子供にとってからだを動かす運動・スポーツや外遊びは，骨や筋肉等の健全な発育を促すばかりでなく，精神的健康や社会性を獲得するうえでとても重要な活動です．図1に幼児から中3までの平日の平均歩数を男女別に示しました．歩数はその人の身体活動性のみならず，歩幅などにも影響を受けますが，全体的にみると幼稚園期から小学3年生程度でピークとなり，中学校期に向けて減少していきます．平均では男子17,000歩程度，女子14,000歩程度を示してい

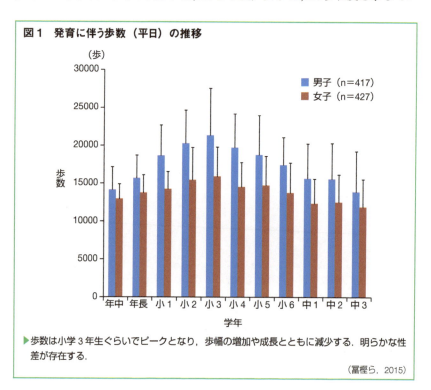

図1　発育に伴う歩数（平日）の推移

▶歩数は小学3年生ぐらいでピークとなり，歩幅の増加や成長とともに減少する．明らかな性差が存在する．

（冨樫ら，2015）

ますが，1980年代には1日20,000歩以上歩く子供が多かったという報告もありますので，子供の自由時間における活動が変遷し，からだを使った外遊びから室内でのテレビ・ビデオ視聴やゲーム・携帯電話の利用など活動度の低い方向へシフトしている様子がうかがえます．

男女における歩数の差は幼児期や中学校高学年では1,000歩〜2,000歩程度ですが，小学1年生〜5年生では4,000歩〜5,000歩になり，男子に比べ女子で活動性が低いことがわかります．平成28年に行われた「体力・運動能力調査」では若年女性が運動から遠ざかっている傾向が報告されました．子供の時の活発さは成人期の身体活動量と関連する可能性が指摘されていることから，幼小児期からからだを動かすことを厭わない子供を育てることが大切です．

● 身体活動と筋肉や骨密度との関係は？

動くことと筋肉や骨の成長との関わりはどうでしょうか．中学生に歩数だけでなく活動強度も測れる万歩計をつけてもらい身体活動の状況を評価しました．また，体組成計でからだの中に占める筋肉の割合（除脂肪率）を，超音波骨密度計で踵の骨の骨密度を評価し関連性を検討しました．その結果，男子では関連性は認められませんでしたが，女子では歩数や高強度な活動を行っていた時間と除脂肪率，骨密度との間に正の関連性が認められ（図2），日頃活動性の高い中学生女子では筋肉の割合が高く，また骨の密度も高いことが明らかとなりました．筋肉の割合の反対は脂肪の割合になりますので，逆に言うと身体活動性の低い女子はからだに占める体脂肪の割合が高いということになります．中学生男

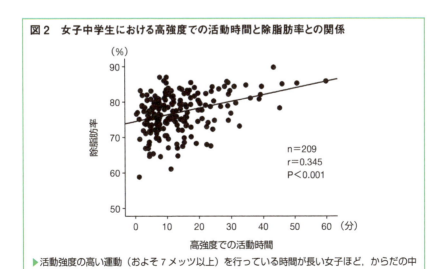

図2 女子中学生における高強度での活動時間と除脂肪率との関係

▶ 活動強度の高い運動（およそ7メッツ以上）を行っている時間が長い女子ほど，からだの中に占める筋肉の割合は多い．

（冨樫ら，2014）

表 小学6年生における歩数と新体力テストとの関係

|  |  | 握力 | 上体起こし | 長座体前屈 | 反復横とび | シャトルラン | 50m走 | 立ち幅とび | ソフトボール投げ | 得点合計 |
|---|---|---|---|---|---|---|---|---|---|---|
| 相関係数 | 男子 (n=68) | 0.144 | 0.419** | 0.068 | 0.340** | 0.263* | −0.541** | 0.354** | 0.503** | 0.447** |
| | 女子 (n=58) | −0.127 | 0.243 | 0.090 | 0.321* | 0.413** | −0.189 | 0.225 | 0.236 | 0.300* |

＊；P＜0.05, ＊＊；P＜0.01
(冨樫ら，未発表データ)

▶歩数の多い子供ほど新体力テストの得点合計は高い.

子でこれらの関連性が認められなかった理由としては，ちょうど思春期に差し掛かっていて，成長という遺伝的要因が運動という環境要因と混ざってしまっていることが考えられます．女子は小学6年生ぐらいが成長のピークですので，中学校期の運動・スポーツの実施と筋肉や骨の成長との関わりが表れやすいのでしょう．高齢女性で多くみられる骨粗鬆症は骨密度が低下することによって起こります．発育発達期にしっかりと運動・スポーツを実践し，骨に対する刺激を多く与え骨密度を高めておくことが将来の骨粗鬆症を予防するうえでも有効です．

● **身体活動と体力との関係は？**

小学6年生における歩数と体力値との関連をみると（表），男子，女子ともに歩数と新体力テスト8種目の得点合計との間に正の関連性＊が認められました．種目別にみてみると，歩数と握力や長座体前屈とは関連性が認められないにもかかわらず，反復横跳びやシャトルランでは男女とも関連が認められ，歩くといった下半身を使う動作が下半身を使う体力要素と深く関わっていることがわかります．このように発育発達期における身体活動は，筋肉や脂肪の割合といった体組成に影響を与え，結果として体力値とも関わります．子供の低体力化が顕在化している現代においては将来の健康も不安視されています．子供達に筋肉や骨に刺激を与えるような外遊びやスポーツの実施を促し，体力向上を目指すことで，生涯にわたる健康につなげたいものです．

＊正の関連性とは，歩数が多くなればなるほど新体力テストの得点合計が高くなるということ．表の数字の右肩にある＊マークは歩数との関連性の強さを示し，＊マークがないものは歩数とはあまり関連がないことを示す．

> **まとめ**
> ◆身体活動性は成長の時期や性別によって異なる．
> ◆からだに対する運動刺激は体組成や骨密度に影響を与える．
> ◆身体活動度の高い者は体力値も高い．

# 子供の暑さや寒さに対応する能力は，大人と同じ？

## ●子供の汗をかく機能は低い

　私たちのからだは，夏の屋外などの気温の高い場所（暑熱環境）では，体温を調節するために発汗と皮膚血流量を増加して体外への熱の放散（熱放散）を増加させています．子供の運動時における総発汗量は，体温上昇の少ない低強度運動時には年齢差はありませんが，体温上昇の大きい中・高強度運動時では，思春期を境に大きく増加します（図1）．つまり，思春期前の子供では，運動時の総発汗量は成人よりも少ないのです．特に，頭部（前額部），体幹部（胸部），大腿部では，子供の発汗量は成人よりも低いです．その原因は，汗腺の大きさと機能の未発達にあります．思春期を迎えると，汗腺が大きくなり，また，汗を分泌する機能が亢進して，1つの汗腺から分泌される汗の量（単一汗腺当たりの汗出力）が増加します．その結果，総発汗量が増加します．

　ちなみに，汗を分泌する汗腺は胎児期に作られますが，それが汗を分泌する

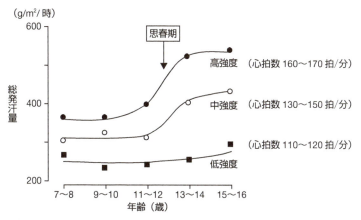

図1　7〜16歳の男子における気温29℃（相対湿度60%）での低・中・高強度運動時の体表面積あたりの総発汗量

▶中・高強度運動時の総発汗量は思春期を境に大きく増加した．
[Arakiら，1979．井上，2002．井上芳光．体温Ⅱ 体温調節システムとその適応．井上芳光・近藤徳彦編．p221，図6-Ⅰ-1，ナップ，2010年]

汗腺（能動汗腺）となるかは，2〜3歳までにどの程度の暑熱環境に曝されるかによって決まります．それ以降は汗腺や能動汗腺の数は変わりません．また，脳内の体温を調節する領域（体温調節中枢）が交感神経（発汗神経）を介して汗の分泌を制御していますが，これらの体温調節中枢や発汗神経の機能の発達は，思春期までにほぼ完了します．思春期前の子供の発汗機能には性差はほとんど認められませんが，思春期を境とした発汗機能の亢進は特に男性で顕著であり，成人では女性よりも男性で発汗機能が高いことが知られています．

● 子供の皮膚血流量を増加する機能は高い

一方，思春期前の子供の運動時における皮膚血流量は成人より大きく上昇し，特に，頭部（前額部）や体幹部（胸部，背部）でその傾向が強く認められます（図2）．運動時の皮膚血流量は，思春期前，中，後期と順次低下することから，思春期前の子供では，未発達な発汗機能を代償するように，皮膚血流量の増加が亢進しているようです．

● 子供が暑熱環境下で運動する際の注意点

外気（環境）と身体の熱の移動が行われる体表の面積（体表面積）と熱を産生して保持する身体の大きさ（質量）の比（体表面積/質量比）は，体温調節に大きく影響します．例えば，身長135 cm，体重35 kgの子供は，身長175 cm，体重70 kgの成人と比べて，体表面積/質量比（子供：317 cm$^2$/kg，成人264 cm$^2$/kg）が約20％高いのです．つまり，子供は成人よりも，物理的に熱しやすく冷めやすく外気の影響を受けやすい体型をしています．そのため，気温が皮膚温（約34℃）よりも低い環境では，子供の発汗量は低いものの，高い皮膚血流量の増加と熱を放散しやすい体型によって，子供も成人と同様に体温を調節することができます．一方，気温が皮膚温よりも高い環境では，子供の体

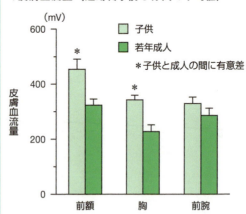

図2 思春期前の子供（11歳）と成人における気温28℃（相対湿度40％）での30分間の運動時（最大酸素摂取量の65％強度）の前額・胸・前腕部の皮膚血流量（運動終了前5分間の平均値）

▶子供の運動時の皮膚血流量は，特に，頭部や体幹部で成人よりも大きく上昇する．

[Inoueら，2002．井上芳光，体温Ⅱ 体温調節システムとその適応．井上芳光・近藤徳彦編．p224，図6-Ⅰ-3，ナップ，2010年]

型がマイナスに働き，外気から体内への熱の流入が促進されてしまいます．さらに，この環境では汗が唯一の熱放散の手段となるため，未発達な発汗機能のために，子供は成人よりも体温の上昇が急激に，かつ，顕著に起こることになります．また，子供の体型は直射日光や地面などからの照り返しによる輻射熱の影響も受けやすく，炎天下では成人よりも熱の負荷が高くなることも考えられます．上記の通り，子供は成人よりも皮膚血流量の増加が大きいため，暑熱環境下で運動する場合には活動筋への血流量が低下しやすいことも指摘されています．このように，高温の屋外などで持続的な運動をする場合には，子供は成人よりも，運動能力が低下しやすく熱中症を発症しやすいことに十分に注意する必要があります．

　子供の熱中症予防に向けた安全対策として，暑熱環境下での激しい運動を避けること，被服を考慮し着脱を頻繁にすること，十分な休息と水分補給に心がけることなどが必要となります．子供の暑さの感じ方やのどの渇きの感じ方は，成人と遜色ないようですが，子供は被服の着脱や水分補給を積極的にすることが難しいため，まわりの大人が配慮し，被服の着脱を指示するとともに，給水タイムを十分に設けてのどの渇きに応じた水分補給ができるようにしておく必要があります．成人では，暑熱順化や運動トレーニングによって発汗機能や皮膚血流量が増加し，暑熱耐性が向上します．しかし，思春期前の子供ではこの効果はあまり期待できません．つまり，思春期前の子供は，暑熱耐性に劣るだけでなく，暑熱耐性を獲得する能力にも劣ります．

### ●子供が寒冷環境下で運動する際の注意点

　私たちのからだは，冬の屋外などの気温の低い場所（寒冷環境）では，体温を調節するために皮膚血管を収縮して熱損失を低下させ，また，熱の産生（熱産生）を増加させます．子供は成人よりも皮膚血管の収縮による皮膚温の低下が大きく，かつ，熱産生を大きく増加することが報告されています．しかし，上記の通り，子供は成人よりも体表面積/質量比が高いことに加え，通常，皮下脂肪が少ないために寒冷環境下で体温が奪われやすく，低体温症を発症しやすいことに注意する必要があります．

> **まとめ**
>
> ◆思春期前の子供では，成人よりも運動時の総発汗量は少ないが，皮膚血流量の増加は高い．
> ◆気温が皮膚温よりも高い暑熱環境では，子供は成人よりも体温が上昇しやすく熱中症を発症する危険性が高い．
> ◆寒冷環境では，子供は成人よりも体温が低下しやすい．

chapter 3　sportsscience 3.19　加齢と体温調節　解説●岡崎和伸

# 暑さや寒さに対応する能力は，老化によって衰える？

● 老化に伴い熱放散能が低下する

　例年，熱中症による搬送や死亡数の約7割以上を高齢者が占めています．高齢者に熱中症が頻発する主な原因は，虚弱や病気などの影響もありますが，老化に伴う体温調節能の劣化にあります．実際に，健康な高齢者であっても，暑熱環境下での運動時や下腿温浴などの受動加温時の体温の上昇に対して，体外への熱の放散（熱放散）を増加する発汗と皮膚血流の増加応答は，若年成人に比べ遅く，その量も減少します（図）．

　発汗機能の老化については，1つの汗腺から分泌される汗の量（単一汗腺当たりの汗出力）の低下から始まり，その後，活動する汗腺の数（活動汗腺数）の低下が起こります．これらの老化現象は，主に，汗腺やその周辺の末梢の変化によるもので，汗腺の汗を分泌する機能の低下，また，汗腺の活動を制御する神経（発汗神経）から出る汗腺を活動させる物質（アセチルコリン）に対する効き目（コリン感受性）が低下するために起こります．皮膚血流量を増加する機能の老化についても主に，皮膚血管を拡張させる機能（能動的血管拡張）が低下するために起こります．この老化現象も，皮膚血管やその周辺の末梢の変化によります．また，脳内の体温を調節する領域（体温調節中枢）からの命令を伝えて，汗腺や皮膚血管を制御する神経（発汗神経や皮膚交感神経）の活動も老化によって低下するようです．

　これらの老化による熱放散能の低下は，皮膚血流量の低下がまず起こり，その後，単一汗腺当たりの汗出力の低下，活動汗腺数の低下が続くことが示されています（図）．さらに，この老化現象は，全身一様ではなく，体幹部より四肢から，また，上半身より下半身から起こるようです．老化によって皮膚血流量が低下すると，汗腺への血流供給が低下する結果，汗腺が萎縮し，その後，汗腺が働かなくなると考えられています（図）．これらの老化現象の起こり方には性差はありませんが，若年成人で認められる性差（女性は男性よりも発汗機能が低く皮膚血流の増加機能が高い）は，高齢者ではなくなってきます．

● 高齢者が暑熱環境下で運動する際の注意点

　体温が上昇した時に感じる"暑さ"の感覚や，外気温の変化に対する感じ方（温度感覚）は，若年成人よりも高齢者で減弱していることが示されています．

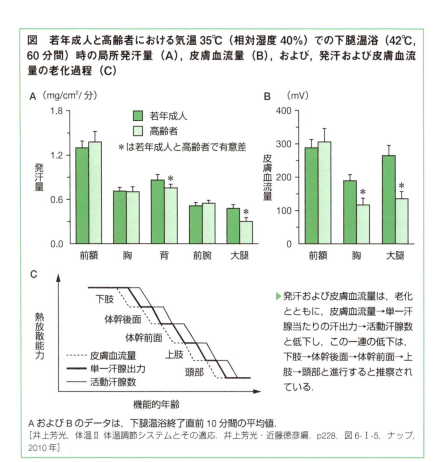

図 若年成人と高齢者における気温35℃（相対湿度40%）での下腿温浴（42℃，60分間）時の局所発汗量（A），皮膚血流量（B），および，発汗および皮膚血流量の老化過程（C）

AおよびBのデータは，下腿温浴終了直前10分間の平均値．
［井上芳光，体温Ⅱ 体温調節システムとその適応．井上芳光・近藤徳彦編，p228，図6-Ⅰ-5，ナップ，2010年］

　また，高齢者は若年成人よりも同じ量の汗をかいて脱水した場合でも，汗への塩分の損失が大きいために血液の液体成分（血漿量）の低下が大きいこと，"のどの渇き"を感じにくいために自由に飲水した場合でも飲水量の少ないこと，さらに，尿量を減らして体液量を保持する機能の低いことが示されています．これらは老化に伴って低下する循環器系の機能にさらなる負担を強いることになり，夏期に高齢者の循環器系関連の疾患が増悪する原因ともなります．

　そのため，高齢者ではおかれた環境の温度をこまめにチェックし，のどが渇かなくとも定期的に水分補給をする必要があります．また，高齢者が暑熱環境下で運動する場合には，激しい運動は避けることはもちろんのこと，こまめに休息を入れて体温の上昇を抑え，十分な水分補給を心がけましょう．

● 老化に伴う体温調節能の劣化は改善できる？

　長年にわたって日々運動を継続し，若年成人と同等の最大酸素摂取量を維持

している高齢者では，暑熱環境下での運動，あるいは，下腿温浴などで受動的に体温を上昇した際の総発汗量は若年成人と差がありません．しかし，このような高齢者であっても，若年成人よりも発汗神経から出る汗腺を活動させる物質（アセチルコリン）に対する効き目（コリン感受性）が低く，発汗量の増加応答は緩慢で，皮膚血流量の減少も認められます．

　暑熱環境下で運動を繰り返し行うような暑熱順化を実施すると，高齢者でも発汗量や皮膚血流量が増加し，体温や心拍数の上昇が抑制されます．また，涼しい環境下であっても持久性トレーニングを実施すると，高齢者でも発汗量や皮膚血流量が増加します．しかし，これらの改善の程度は若年成人に比べて低いことが知られています．一方，運動後にたんぱく質と糖質を適宜摂取すると，高齢者でもトレーニングによる発汗量や皮膚血流量の増加が亢進することが示されています．以上，高齢者でも日々の運動と適切な栄養素の摂取によって体力とともに熱放散能を亢進すれば，熱中症予防に一定の効果のあることが期待できます．

● **老化に伴い寒冷環境下における体温調節能も低下する**

　前述したように，私たちのからだは，寒冷環境下では体温を調節するために皮膚血管を収縮して熱損失を低下させ，また，熱の産生（熱産生）を増加させますが，この両方の機能とも老化によって低下します．皮膚血管を収縮する機能の老化については，寒冷に対する皮膚交感神経活動の上昇応答が減弱するため，また，皮膚交感神経から出る皮膚血管を収縮させる物質（ノルアドレナリン）に対する効き目が低下するために起こります．熱産生を増加する機能の老化については，老化に伴う骨格筋量の低下に起因した基礎代謝量の低下が主な原因であり，30歳から70歳の間に約20％低下することが報告されています．

　このように，老化に伴って寒冷環境下における体温調節能は低下しますが，通常，高齢者は若年成人よりも皮下脂肪量が多く，また，体表面積/質量比が低く断熱効果はむしろ高いため，寒冷環境に曝された場合の体温の低下は，高齢者と若年成人で変わらないようです．しかしながら，やせ気味で筋量の少ない高齢者は低体温症に陥る危険性が高いので特に注意が必要です．また，脱水すると熱産生が低下することもあり，高齢者が寒冷環境下で運動する場合には，体温の低下に十分に注意し，適切な休息と水分補給を心がける必要があります．

> **まとめ**
>
> ◆老化によって，熱放散能が低下し，さらに，温度感覚，のどの渇きの感覚が鈍感になるため，高齢者では，暑熱環境下において体温が上昇しやすく，脱水に陥りやすく，熱中症を発症する危険性が高い．
> ◆老化によって，寒冷環境下における体温調節能も低下する．

chapter 3　sportsscience 3.20　女性の加齢と運動　解説●林　貢一郎

# 中高齢女性の健康づくりに必要な運動とは？

### ●中高齢女性の運動と死亡率

　身体活動量が多い中高齢者では，死亡リスクが低いことはよく知られています．男女を問わず，ジョギングなどの有酸素性運動の実施は死亡リスクを低下させます．1万人を超える中高齢女性を対象に35年間追跡し，全身持久力（最大酸素摂取量）のレベル（低，中，高）と死亡リスクとの関連を調べた研究では，全身持久力が低い群と比較して，中程度の群では40％，高い群では56％も死亡リスクが低下しています（図1）．

### ●有酸素運動は動脈硬化を改善する

　このような身体活動の死亡リスク軽減効果には，運動やスポーツ活動の実施が動脈硬化を予防・改善することが強く関連しています．日本人の中高齢女性を対象とした研究で，有酸素運動の実施は動脈硬化指数を明らかに低下させることが示されています．例えば，運動によるエネルギー消費量（900 kcal/週）の等しい低強度トレーニング群と中等度トレーニング群において，12週間の持久的トレーニング前後の動脈硬化指数の変化を比較した研究では，両群とも同程度の改善が認められています．この結果は，同じエネルギー量を消費するのであれば，低強度の軽い運動でも十分に動脈硬化を改善することができることを意味しています．運動の頻度としては，週2回以上の有酸素運動の実施が動脈硬化予防に効果があるとされています．

### ●中高齢女性に筋トレは重要か？

　加齢に伴い男女とも骨量は低下しますが，特に女性においては，エストロゲンが欠乏してくる閉経前後で急激な骨量の低下がみられます．これはエストロゲン

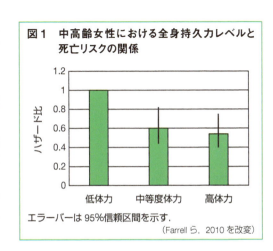

図1　中高齢女性における全身持久力レベルと死亡リスクの関係

エラーバーは95％信頼区間を示す．
（Farrellら，2010を改変）

に骨量を維持する働きがあるためです．近年の研究では，エストロゲンは骨格筋のタンパク質合成を促進する働きを有することも報告されており，閉経後の筋量や筋力の低下にもエストロゲン欠乏が一部関係していると考えられています．加齢に伴う骨格筋量の減少や機能低下（サルコペニア）や骨粗鬆症はロコモティブシンドロームにつながるため，その予防・改善は極めて重要です．筋力トレーニングの実施は骨格筋や骨に対してアンチエイジング効果を発揮しています．したがって，寝たきり予防のために，中高齢女性においては，日常生活の中に筋トレを積極的に取り入れていく必要があります．

● 運動は更年期障害を改善するか？

閉経前後の女性を悩ませる問題として更年期障害がありますが，運動には症状を改善する効果があります．日頃あまり運動をしない人と比較して，習慣的によく運動を行う人では，更年期障害の発症頻度が低下し，また，症状の程度も軽減されるようです（図2）．習慣的な身体活動は閉経期をトラブルなく移行するために重要な役割を果たしているといえるでしょう．

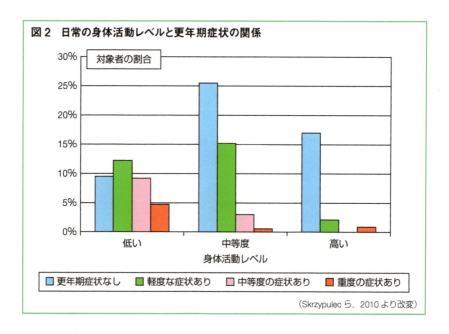

図2　日常の身体活動レベルと更年期症状の関係

（Skrzypulec ら，2010 より改変）

### まとめ

◆中高年女性にとって，有酸素運動だけでなく筋力トレーニングの実施も重要．
◆運動の実施は更年期障害の症状を軽減する可能性がある．

chapter 3 | sportsscience 3.21 | 子供とサプリメント | 解説●田口素子

# 子供もサプリメントを取ったほうが強くなれるのか？

　栄養補助食品（サプリメント）とは，食事でとりにくい栄養素が簡単にとれるように開発された食品の総称であり，1つの栄養素が含まれるものから，複数の栄養素が含まれているものまで，種類や形状もさまざまあります．サプリメントの使用に関しては十分な注意が必要です．

●サプリメントの過剰摂取は健康を害す

　日本人の食事摂取基準では，健康障害をもたらすリスクがないとみなされる習慣的な摂取量の上限値を「耐容上限量」として示しています．耐容上限量を超える摂取は，通常の食品を摂取している範囲では起こりえませんが，サプリメントや栄養剤の多量摂取をすれば脂溶性ビタミンやミネラル類の耐容上限量を超えた過剰摂取が容易となり，過剰症を引き起こす危険が高まります．栄養素の必要量が増加するスポーツ選手といえども，過剰摂取は健康維持をするうえで避けなくてはなりません．

　貧血予防をしたいジュニア選手が鉄のサプリメントあるいは複数のミネラルを含むマルチミネラルサプリメントを使用するケースは良くあることですが，鉄の耐容上限量は小学生が男女ともに35 mg，中学生は男女ともに50 mg，高校生になると女子は40 mgです．「1日3〜5粒が目安」などとパッケージに書かれている量をそのまま飲むと，簡単に耐容上限量を超えてしまう商品もあります．鉄以外のミネラルに関しては，データ不足から17歳以下の耐容上限量はまだ設定されていないものの，子供は成人よりもからだが小さいため，過剰摂取の害に対しては十分な注意が必要なのです．参考までに表に成人の耐容上限量（抜粋）を示しました．

　また，精製されて単一成分のみが高濃度に含まれた製品を継続して摂取していると，体内における栄養素相互のバランスを崩す可能性もあります．市販されているサプリメントの中には，含まれる物質の具体的な化学名が不明確なケース（○○抽出物など）や，品質の管理が不十分なものも出回っていることから，長期使用は好ましくないことも覚えておきましょう．

●サプリメントとドーピング問題

　通常の食品を摂取することによって，ドーピング検査で陽性になる可能性は極めて低いと考えられます．しかし，サプリメントや栄養剤の中には，ドーピ

表　栄養素の耐容上限量（18〜29歳）

|  | 男性 | 女性 |
|---|---|---|
| カルシウム　　　(mg) | 2500 | 2500 |
| 鉄　　　　　　　(mg) | 50 | 40 |
| 亜鉛　　　　　　(mg) | 40 | 35 |
| ビタミンA　　　(μgRAE) | 2700 | 2700 |
| ビタミンD　　　(mg) | 100 | 100 |
| ビタミンE　　　(mg) | 800 | 650 |

（日本人の食事摂取基準2015年版より抜粋）

ング禁止薬物や体内に入ってから非合法的な物質に変化する物質が混入している恐れがあります．国際オリンピック委員会（IOC）の調査で，成分表示に禁止薬物が記載されていないにもかかわらず禁止物質が検出された商品があることも明らかになっているため，外国製のサプリメントの使用は絶対にやめてください．日本アンチ・ドーピング機構（JADA）によるマークが添付された国内の商品は，ドーピング検査をクリアーしたものです．詳しくはJADAのホームページ（http://www.playtruejapan.org/）や中央競技団体医事委員会から発信される情報をご覧ください．また，食事をおろそかにしてサプリメントに頼るのは"心のドーピング"と言えるのではないでしょうか．

● 子供には食育が大切

　子供に必要なエネルギーと栄養素は食事から十分に摂取可能です．体重や体調の変化にも注意しながら，41ページの「食事の基本形」に近づけた食事をとるように心がけてください．しっかり食べて，しっかりトレーニングをするからこそからだ作りもでき，強くなれるのです．保護者や指導者には，サプリメントによる過剰摂取の健康被害から子供を守り，食育を推進する義務があるのです．

### まとめ

◆サプリメントによる栄養素の過剰摂取により健康を害する恐れがある
◆食育とドーピング防止の観点からも，子供はサプリメントを摂取すべきではない．日々のバランスの良い食事から必要な栄養素は摂取できる．
◆保護者や指導者が子供の食をサポートする．

chapter 3 | sportsscience 3.22 | タバコ・アルコール | 解説●本山 貢

# タバコとアルコールはパフォーマンスや健康に影響するのか？

## ●喫煙と飲酒は体に有害なの？　無害なの？

　喫煙と飲酒は未成年者喫煙・飲酒禁止法によって法律で禁止されています．しかし成人になると個人の判断で味覚や触覚，臭覚，視覚など快楽や快感を与えるものとして嗜好することができます．いずれも依存性が高くなる物質が含まれているため，なかなか止めることができないのも事実です．喫煙については健康を害する有害物質が200種類以上，発がん物質が40種類以上含まれ，発がん率や心血管系のリスクが高まります．特にニコチンが依存性を高める要因です．アルコールについては，必ず体内で代謝されるため，少量であれば気分の高揚や緊張緩和，食欲増進など健康にも悪影響を及ぼさない可能性も指摘されています．しかし飲酒は，量が多くなるにつれて，発がん率が高くなること，脳卒中や心血管病のリスクを高めることがわかっています．

## ●喫煙は心肺機能に影響し運動能力を低下させる

　スポーツ競技では心肺機能や筋肉，骨格，脳の総力によって高いパフォーマンスを要求します．酸素運搬能を担うのがヘモグロビンと筋肉内で酸素の受け取り役であるミオグロビンです．ヘモグロビンは1Lの血液で200mLの酸素と結合し，細胞や筋肉に酸素を運びます．そのため酸素との結合力を高く維持しておく必要があります．タバコによって排出される一酸化炭素（CO）は，ヘモグロビンやミオグロビンと，酸素の200〜250倍の力で結合し，一度結合すると解離しないという特徴があります．一度結合すると2〜3日もの間，結合したままの状態が続き，持続して運動能力の低下をもたらします．Cooperら（1968）は喫煙者と非喫煙者を同じ身体的特性で同一生活条件を課し，運動経験やトレーニング量が等しいグループを横断的調査および縦断的にトレーニング効果を検討した結果，トレーニング前のパフォーマンスは，1日の喫煙量，喫煙年数が多いグループほど低く，6週間後の持久力の伸び率は，非喫煙者が9.5％伸びたのに対して，1日10本以上のグループでは5.9％の伸び率となり，喫煙がトレーニング効率を低くさせたと指摘しています．また，喫煙期間が長いほどトレーニング効率が悪かったと報告しています．

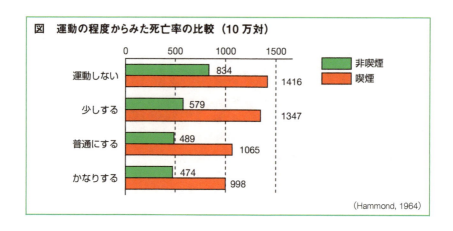

図 運動の程度からみた死亡率の比較（10万対）

(Hammond, 1964)

## ●乳酸の蓄積が早く，除去が遅れる

　喫煙すると，運動時のエネルギーをグルコースに強く依存するようになるため，乳酸が蓄積しやすくなり，また除去に時間を要するため，疲労回復が遅れます．脂肪酸代謝も抑制されてしまうため，痩せにくくなります．さらに気道抵抗が増大し，最大換気能力が低下して運動能力が低くなります．いずれの要因もタバコに含まれるニコチンが大きく関与しています．喫煙の影響は，非喫煙者にもおよびます．喫煙場所近くで長時間の滞在や喫煙者と接する時間が長くなるなど，非喫煙競技者でも受動喫煙の影響によって，一酸化炭素のヘモグロビン結合が生じたり，皮膚血流量の減少や血圧の高値変動などさまざまな影響が予測されます．その影響は24時間も続く可能性が指摘されています．

　一方で，瞬発性やパワー系スポーツ選手の中には喫煙者が比較的多くいます．ニコチンの影響で，体内ニコチン濃度が低下すると心理的にイライラしたり，集中できなくなります．心理的な要因の依存度が高くなっている喫煙者ほど，喫煙によって脳の欲求が満たされたと認識され，パフォーマンスが高くなっていると勘違いしています．喫煙はパフォーマンスに対してプラスに影響する可能性はほとんどないことから，タバコに依存しない環境下でスポーツ競技や健康増進に取り組むことが重要です．

## ●喫煙は運動効果を打ち消すほどの影響力がある

　図に示した運動の頻度と死亡率の関係を見てみると，喫煙者と非喫煙者でも運動量が多くなるほど死亡率が低下しています．しかし，喫煙者ではいずれの場合も非喫煙者の約2倍，リスクが高くなっています．しっかり運動しても喫煙していれば，運動していない者と同程度以上にリスクが高くなり，運動の効果を打ち消してしまうほどの影響力があることがわかります．

## ●アルコールの過剰摂取は運動能力を低下させる

アルコールは腸から吸収されて肝臓に運ばれ,アセトアルデヒドに分解され,最終的に水と $CO_2$ に分解されます(p.187).アルコールの分解途中でアセトアルデヒドの分解が追い付かなくなると顔が赤くなったり,頭痛や吐き気をもたらすことになります.アルコールは緊張を緩めたり,食欲を高めたり,疲労回復を促すことも期待できます.ただし,アルコールを分解するアセトアルデヒド脱水素酵素の量や個人の体質によっては少量でも影響を及ぼします.飲酒は,運動神経の低下やからだの反応速度,情報処理・収集能力,集中力,判断力,平衡感覚,記憶力などを低下させます.

アルコールの摂取は,利尿作用の促進によって,脱水症状を招きやすくなります.また体温を上昇させ,発汗量が増し,脱水を助長します.試合前日や運動前,運動中,運動後の飲酒のいずれの場合でも,からだを興奮状態にして心拍数や呼吸数を増加させたり,睡眠を浅くさせるなど,疲労回復を遅れさせる原因になります.特にスポーツ選手の場合,最も機能が低下するのが運動神経の刺激伝達速度です.運動時の脂肪分解能や利用率には影響が少ないようですが,肝臓でのグリコーゲン利用率や機能低下が生じて血糖値や糖新生能の低下,筋肉の糖取り込み能が低下するなどの影響を及ぼす可能性があります.スポーツ競技で記録を競うのであれば,前日の飲酒は避けたほうが無難です.また当日の運動前,運動中のアルコールも同様です.

競技や運動・スポーツ前の二日酔い状態は,必ず運動能力の低下をもたらすため十分な注意が必要です.運動で汗を流すとアルコールの代謝が速くなると思っている人がいます.アルコールの代謝は肝臓で行っています.そのため,からだを動かすだけでも肝血流量が3分の1以下に低下し,アルコール代謝が遅れます.運動するより安静にしているほうが,代謝を速めることになります.

健康なからだ

### まとめ

- ◆喫煙は運動能力を低下させ乳酸の生成を早めて除去能力を低下させる.
- ◆受動喫煙でも運動能力が低下する可能性がある.
- ◆運動前のアルコールの摂取は運動能力を低下させる可能性がある.
- ◆運動前・中・後のアルコール摂取は脱水状態を招く危険がある.

chapter 3 | sportsscience 3.23 | 特殊環境と健康 | 解説●荻田 太

# 低酸素でのトレーニングは，健康を害すことはないの？

●**高地（低酸素環境）での滞在や運動は危険？**

　酸素が薄い高地では，自然と息苦しさが増します．そのため，高地トレーニングは身体への負担大きく，危険性が高いと疑念を持たれることがあります．確かに，標高3000 m以上では高山病の症状を呈す人が増えますので，安全性に注意を払う必要はあるでしょう．

　しかしながら，一般に高地トレーニングは標高2000 m前後の高所で実施され，3000 m以上の高所で行われることは滅多にありません．標高2000 m程度の酸素の薄さは，飛行機が上空で水平飛行に到達したときの機内と同レベルだそうです（注：このレベルはその飛行機の巡航高度によって異なりますが，概ね標高1500 mから2500 mに相当するレベルだそうです）．したがって，飛行機に搭乗して特段体調に異常を呈すようなことがなければ，標高2000 m程度へ滞在することなら大きな問題はないでしょう．

●**高地（低酸素環境）を使った新たな健康増進法**

　2000年代に入ると，高地（低酸素環境）での滞在や運動によって，心血管疾患，代謝性疾患の危険因子が改善されることが報告されてきました．そこで，いくつかの事例を紹介したいと思います．

**心血管系危険因子に対する効果**：健康成人を対象に，標高2000 m程度の低酸素条件（酸素濃度16％．通常（平地）20.93％）で，70～85％ HRmax強度の自転車エルゴメーター運動を20～30分，週3回，4週間行った研究では，最大運動時の最高血圧の低下，ダブルプロダクト（収縮期血圧×心拍数）の低下が報告されています．また，メタボリックシンドローム該当者を対象とし，標高1700 m相当の避暑地に3週間滞在させながら，ハイキングや適度なスポーツ活動を行った研究においても，同様の結果が認められています．筆者らも，標高2000～2500 m相当の低酸素環境を用い，50％ $\dot{V}O_2$max相当（心拍数で毎分100～120拍程度）の強度で30分間の水中運動を実施したところ，動脈スティフネス（血管の硬さ），運動時血圧の低下，血管拡張作用の増大を認めました．しかも，週4回の頻度で運動した場合，これらの変化は早ければ1～2週間で得られます．この心血管疾患の危険因子が変化するメカニズムについては完全に解明されていませんが，血管内皮機能の活性化（改善）と関連して

いると考えられています．運動中増大した血流が血管壁をこする"ずり応力"が増すと，血管内皮細胞が刺激され，一酸化窒素やアデノシンといった血管拡張に作用する物質産生が促されます．同様に，低酸素刺激そのものも直接的，間接的に同様の作用を引き起こします．そのため，低酸素条件で運動を行うと，比較的軽運動であっても，血管内皮機能が改善されやすいと考えられています．

**代謝性疾患の危険因子に対する効果**：先述した標高 1700 m 相当の避暑地に 3 週間滞在させた研究では，耐糖能（血糖の取り込み能力の向上）の改善，HDL（善玉コレステロール）の増大，体脂肪・体重の低下が報告されています．筆者らも，同様に耐糖能の改善，腹部内臓脂肪，体脂肪率，体重の低下を確認しました．低酸素と運動は，AMP 活性化プロテインキナーゼという酵素を活性化させる大きな刺激です．そして，この酵素が活性化されると，血液から筋内へ糖を取り込む糖輸送体が筋膜へ移動して糖の取り込みを促進させるとともに，この糖輸送体を増やす遺伝子の発現も促進されます．これが耐糖能を改善させるひとつのメカニズムと考えられています．また，糖輸送体を増やすには，PGC-1α というタンパクが関与しています．この PGC-1α は，ミトコンドリアを増大させ，糖代謝および脂質代謝の亢進に寄与すると考えられており，これらが体脂肪を効果的に減らす要因だと推察されています．一方，通常環境においてまったく同じ強度，同じ時間の運動を行っても，このような変化は認められていません．これらのことからも，低酸素環境下での運動は，代謝性疾患の危険因子改善のために，有効な運動処方といえるでしょう．

【補足情報】
自然環境を利用した低酸素トレーニング施設としては，
飛騨高山高原高地トレーニングエリア　http://hida-athlete.jp
蔵王坊平アスリートヴィレッジ　http://www.zao-bodaira.com
などがあります．
また，低酸素ルームを所有した民間のスポーツクラブなどもあります．

### まとめ

◆高地（低酸素）トレーニングは，これまでアスリートの競技力向上を目的として行われてきたが，低酸素刺激と運動刺激に対する生体適応への理解が進むにつれ，血管内皮機能の改善が心血管疾患の予防改善へとつながり，代謝に関係する適応が糖・脂質代謝を高め，代謝性疾患の危険因子改善に貢献可能なことがわかってきた．
◆医療費削減を目指す我が国にとって，高地（低酸素）での運動は，21 世紀の新たな運動処方へと発展することが期待される．

chapter 3 | sportsscience 3.24 | 脳フィットネス | 解説●松井　崇・征矢英昭

# 運動時には脳も疲れるの？

　運動時の疲労はスポーツをする方もそうでない方も誰しもが感じる身近な生理現象です．例えば，ランニング中に目標ペースを維持できなくなったり，重い荷物を目標地点まで運び切れずに落としてしまったりすることがあるでしょう．このとき，筋肉はもちろん，脳にも原因がある場合があります．

● **運動時の疲労**

　運動時の疲労は「必要な力を発揮できなくなった状態」と定義されます．運動するための筋肉（骨格筋）は収縮することで実際に身体を動かす効果器で，車で例えればエンジンのような存在です．一方，脳はそれぞれの脳部位により役割が異なりますが，これまでの経験や現在の状況を基にして必要な運動を計画し，最終的に骨格筋に収縮命令を出す司令塔です．車で言えばドライバーのような存在と言えるでしょう．運動時の疲労は，このシステムのどこに原因があるかにより，大きく末梢性（骨格筋）と中枢性（脳）に分けられます．

● **筋疲労の仕組み**

　骨格筋は収縮することで動物の運動を引き起こす臓器です．上述の通り，車のエンジンのような存在ですから，収縮するために多くのエネルギーを必要とします．骨格筋はエネルギーとなるATPを主に糖質と脂質から合成しますが，特に骨格筋内に蓄えられる糖質エネルギー「グリコーゲン」は重要です．筋のグリコーゲンは運動の激しさや持続時間に比例して利用されて減少し，疲労時には枯渇します．筋グリコーゲンの枯渇によりエネルギーが欠乏すると筋収縮が起こせなくなり，筋疲労の大きな要因の一つとなります．

　一方，筋内でATPを合成する際には他のさまざまな物質が同時に産生されます．そのうちの一つであるアンモニアは，増えすぎるとATP産生を抑制し，筋収縮を阻害する疲労物質です．また，乳酸は最近では疲労物質ではなく，骨格筋や脳のエネルギーとなることがわかってきましたが，増えすぎると筋内を酸性に傾け筋収縮を阻害することから，疲労物質にもなりえます．

　このように，筋疲労はエネルギー枯渇と疲労物質の蓄積が二大要因となり引き起こされます．

● **中枢性疲労の仕組み**

　脳は神経細胞の集合体で，神経同士のさまざまなネットワークにより動物の行動や運動，精神活動等を制御する臓器です．脳も骨格筋と同様にATPを活動のエネルギーとしますが，通常は糖質しか利用できません．糖質のなかでも

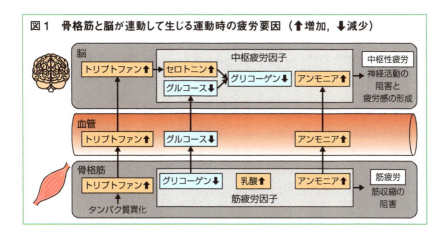

図1 骨格筋と脳が連動して生じる運動時の疲労要因（↑増加，↓減少）

最も重要とされるのは血液中のブドウ糖（グルコース）です．しかし，血液中のグルコース（血糖）は骨格筋にも利用されるため，筋グリコーゲンが枯渇するような疲労時にはその濃度が低下します．すると，脳のエネルギー不足が生じ，神経活動が阻害され，中枢性疲労（筋への収縮命令低下と疲労感の形成）が引き起こされます．

また，脳でも疲労物質の蓄積が疲労要因になりえます．有名なのは筋疲労因子の一つでもあるアンモニアです．アンモニアは骨格筋で産生されると血液中に流出し脳に到達します．高濃度のアンモニアは神経活動を阻害し，中枢性疲労の原因になるとされています．アンモニアの他にも，疲労時に血液中で増加するトリプトファン（アミノ酸の一種）が脳内に移行してセロトニンに変換され疲労感を生み出すとする「セロトニン仮説」や神経活動を抑制する体温・脳温上昇も有名です．

最後に，最近では脳にも骨格筋と同じようにグリコーゲンが蓄えられ，マラソンのような長時間運動や球技の一場面のような激しい断続運動時に，血糖やセロトニンと関係しながら減少することがわかってきました．脳でも骨格筋と同様にグリコーゲン減少が統合的な疲労要因になるかもしれません．

### まとめ

◆運動時の疲労要因は末梢性（骨格筋）と中枢性（脳）に分けられる．
◆脳からの指令の低下や疲労感が形成されることを中枢性疲労と言う．
◆中枢性疲労の原因はエネルギー枯渇，疲労物質の蓄積，体温上昇などがある．

chapter 3　sportsscience 3.25　脳フィットネス　解説●西島　壮

# 運動で脳は活性化されるか？

● 神経細胞の活性化は神経細胞の健康度を高める

　脳の活性化は，脳機能を維持・向上させるために大切だとよく言われます．では脳，すなわち神経細胞を活性化させることには，一体，どのようなメリットがあるのでしょうか？

　実は，私たちの体と同様に，神経細胞にも健康的な状態とそうでない状態があります（図1）．シャーレ上で神経細胞を培養する際，その条件が悪ければ神経細胞はすぐに死んでしまいます．一方，適切な培養環境を整え，神経細胞の健康度を高めてあげれば，神経細胞はシャーレ上でも長期間生存します．これは，そのまま私たちの脳にあてはめることができます．神経細胞の健康度が低いとストレスや脳損傷といった負の刺激に対して脆弱になり，神経機能の低下や精神疾患（うつ病，認知症など）の発症リスクの増加につながります．一方，その健康度が高いと，負の刺激に対して弾力的に応じることができ，神経機能は低下しにくく，精神疾患の発症リスクを下げることができます．

　そして，この神経細胞の健康度は，神経細胞を活性化させることで高めることができます．神経細胞の活性化が繰り返されると，1）神経細胞の生存や再生を促す栄養因子（脳由来神経栄養因子など）の合成が高まる，2）神経保護作用を持つ血液中のインスリン様成長因子1（IGF-1）が脳内に取り込まれる，3）抗酸化能力が高まる，といったメカニズムにより，神経細胞の健康度が高まります．

図1　神経細胞を活性化させる生理的意義

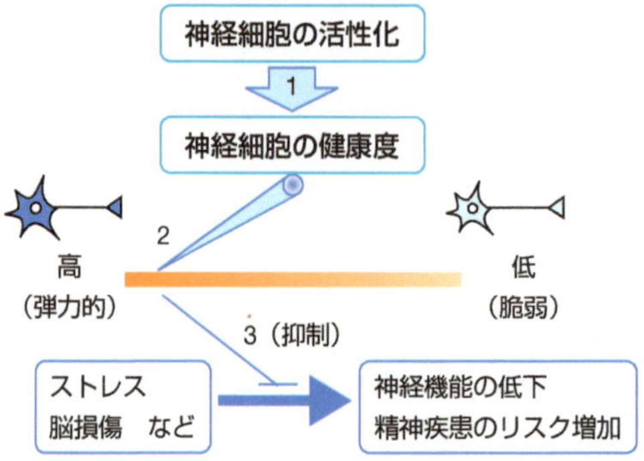

1. 神経細胞の活性化により，神経細胞の健康度が高まる
2. 健康的な神経細胞は，刺激に対して弾力的に応答することができる
3. それにより，ストレスや脳損傷によってひき起こされる神経機能の低下や精神疾患の発症を予防することができる

## ●運動は脳全体を活性化させる

これまでの研究から，神経細胞を活性化させるために運動は極めて有効な刺激であることがわかってきました．運動を行うと，当然ながら運動の発現や調節に関わる運動野や小脳の神経細胞は活性化します．それに加えて，記憶や学習に関わる海馬，体温や血圧など自律神経機能を調節する視床下部，快・不快など情動の処理に関わる扁桃体，意欲や判断など高次認知機能に関わる前頭前野など，さまざま

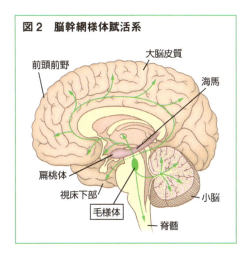

図2　脳幹網様体賦活系

な脳部位の神経細胞も活性化します．このように，運動が脳を広範囲にわたって活性化させる背景には，脳幹網様体賦活系が深く関わっています（図2）．脳幹（中脳，橋，延髄）には，ドーパミンやセロトニン，ノルアドレナリンといった神経伝達物質を合成する神経細胞の細胞体が密集しており，その軸索を大脳皮質や海馬，視床下部など，脳全体に投射しています．つまり，脳幹にあるこれらの神経細胞が活性化することで，脳全体が活性化し，覚醒水準を高め，心拍数を上げるなど運動に適した身体状況を作り出すのです．

## ●運動・スポーツの脳活性化効果

脳を活性化させるのは，決して運動だけではありません．勉強，読書，楽器の演奏，他者との交流なども，脳を活性化させる刺激になります．つまり，健康な神経細胞を手に入れるためには，身体的だけでなく，認知的・社会的に活発な生活を送ることが大切です．運動やスポーツで体を動かすことは，神経活動を活性化させる身体的刺激になります．それに加えて，運動・スポーツを行うと，成功して喜んだり，失敗して悔しい思いをしたりなど，感情の起伏や，仲間との交流も生じます．このような認知的・社会的刺激によって脳を活性化できることも，運動・スポーツを実践する価値の一つと言えます．

### まとめ

◆運動は，脳幹網様体賦活系を介して脳全体の神経活動を活性化させる．
◆運動・スポーツは身体的刺激であるだけでなく，認知的・社会的刺激にもなる．運動・スポーツを楽しみながら継続することが，脳を活性化させ健康的な神経細胞を手に入れる近道である．

chapter 3　sportsscience 3.26　脳フィットネス　解説●岡本正洋・征矢英昭

# どんな運動が記憶力を高めるために効果的なの？

　脳からの指令は身体を動かすために必要不可欠ですが，身体を動かすこともまた，脳にとって重要です．しかし，一口に運動といっても散歩のような軽い運動からアスリートが行う激しいトレーニングまでさまざまです．どのような運動が記憶力を高めるのに効果的なのでしょうか？　本稿では，記憶力を高める運動条件やその背景にあるメカニズムについて概説します．

● 運動が記憶力を高める？

　トレーニングをすると骨格筋は肥大し，運動パフォーマンスが向上するように，実は運動をすると脳（海馬）も肥大し，記憶力が高まります．記憶や学習は，脳の中の海馬と呼ばれる部位が大きな役割を担います．この海馬の体積は記憶力と関係します．つまり，海馬が大きいヒトほど，記憶力テストの成績が高く，逆に，海馬体積の減少は記憶力低下の一因とされ，アルツハイマー病などは海馬の萎縮から始まると言われています．運動と海馬体積は密接に関係し，子どもや成人では，体力レベルや1週間の運動時間と海馬の体積が相関し，体力レベルが高い，もしくは運動時間が多いヒトほど，海馬体積が大きくなります．また，高齢者であっても，持久運動を数か月行うと，海馬体積は約2％増加し，記憶課題の成績も向上します．一般的に海馬の体積は加齢により毎年1〜2％減少すると言われています．運動は記憶力を高めるだけでなく，海馬の萎縮や認知症を予防する面でも有用だと言えるでしょう．

　運動が記憶力を高める要因の一つに，（新しく神経細胞を生み出す）神経新生と呼ばれる海馬独自の特性が挙げられます．これまで，神経細胞は加齢とともに減少する一方だと考えられてきました．しかし，最近になり，海馬では普段から神経細胞が生まれ，なんと60歳になっても，その能力を維持していることがわかったのです．この特性は，他の脳部位ではほとんど見られません．運動はこの海馬の神経新生を高めることが示されています．1990年代に初めて運動が神経新生を促進することを報告されました．この実験では，走運動をしたマウスの神経新生は運動していないマウスの約1.5倍にもなり，記憶力が向上することを報告しています．これ以降，数多くの研究が，運動で増える海馬の神経新生が記憶力を高める一因であること支持しています．

● 記憶力を高める最適な運動条件は？

　どのような運動が記憶力を高める上で効果的なのでしょうか．最新の知見で

は，軽い運動でも十分に脳は活性化し，海馬の機能を高めることがわかっています．ラットに，乳酸性作業閾値（Lactate Threshold：LT）に基づき決めた低強度と高強度の持久的運動を数週間行わせます．すると，低強度の運動でより海馬の神経新生や神経細胞の成長や再生を促す因子（BDNF：脳由来神経栄養因子など）の遺伝子発現が増加し，記憶力テストの成績も向上します（図）．きつい持久的な運動で十分な運動効果が得られない原因はよくわかっていませんが，過剰なストレスにより副腎皮質から分泌されるグルココルチコイドが海馬の神経細胞を減少させることが一因と考えられています．

ただし，高強度運動であっても，その容量（時間や距離）を考慮すれば，記憶力を高める効果的な運動になります．特に近年，注目されているのが高強度インターバルトレーニング（High-intensity interval training：HIT）です．HITは高負荷の運動を間欠的に低容量（短い時間や距離）で行うトレーニング法です．低・中強度運動と比較し，HITは短い時間で運動できるというメリットがあります．このHITもまた，海馬機能を高めます．ラットを用いた実験では，HITでBDNFや神経新生が高まり，記憶力も向上します．ヒトでも同様に，計10分間のHIT（最大負荷の70％）で認知機能が高まることが証明されつつあります（未発表）．

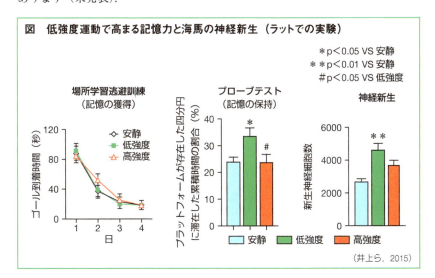

図　低強度運動で高まる記憶力と海馬の神経新生（ラットでの実験）

＊ $p<0.05$ VS 安静
＊＊ $p<0.01$ VS 安静
# $p<0.05$ VS 低強度

（井上ら，2015）

## まとめ

◆運動は記憶や学習を担う海馬を刺激し，記憶力を高める．軽い運動でも十分に記憶力を高める効果がある．きつい運動を行う際は，間欠的な運動と組み合わせるなど，工夫が必要かもしれない．

## column 持久力が高いほど，認知機能が高いって本当？

スポーツ万能，持久走大会でクラス一番の子供が勉強もできるということはありませんか？　また，日頃から活動的で体力がある高齢者のほうが頭も冴えていると言われれば，納得してしまう人も多いかもしれません．実は，このような関係が最新の脳科学研究によっても証明されています．

### ●前頭前野と海馬が担う認知機能

脳は部位によって異なる機能を担っていますが，認知機能を担う代表的な脳部位に前頭前野と海馬があります（図）．前頭前野はちょうど額からこめかみの辺りの脳の表面に近いところに位置し，他の哺乳類に比べて人間でもっとも発達した脳部位と言われています．前頭前野が担う「実行機能」は，周囲の状況を把握しながらゴール（目標）に向かって計画的に行動するために必要な機能で，人間として生きていくためには必須の機能です．一方，海馬は脳の中心部に位置し，だいたい小指くらいの大きさのタツノオトシゴのような形をした臓器です．海馬が主に担うのは，出来事に関する記憶（エピソード記憶）で，海馬を損傷すると新しくものごとを覚えることができなくなってしまいます．

### ●持久力が高いほど認知機能が高い

では，持久力と認知機能にはどのような関係があるのでしょうか．アメリカの小学生（8～10歳）を対象に，最大酸素摂取量と「交差点横断の成功率」の関係を調べたユニークな研究を紹介します．最大酸素摂取量は，長距離走のように心肺機能を限界まで発揮するような運動中にどれだけ身体に酸素を取り込むことができるかを示す，生理学で最も信頼されている持久力の指標です．子供たちは，バーチャルリアリティの世界で電話をしながら車にぶつからないように交差点を歩いて渡るという課題を行いました．交差点横断の成功には，注意を向ける先のコントロール力や思わず行動してしまうことを抑制する力などの実行機能が重要だと考えられます．結果は，成功率は電話していない時でもわずかに持久力の高い子供のほうが高くなりましたが，さらに電話をする（難易度が高い）とその差は広がり，持久力が高い子供が成功率82％だったのに対し，持久力

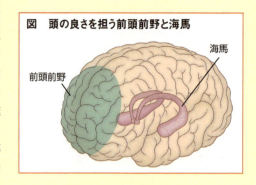

図　頭の良さを担う前頭前野と海馬

が低い子供では56%でした．この研究では，実生活に近い状況での総合的な認知機能を測定していますが，より厳密に統制された認知テストを使った他の研究でも持久力の高い子供のほうが成績が優れていることが明らかになっています．さらに，実行機能は学力の基盤としても重要であり，持久力が高い子供ほど算数や読解力などの学業成績が良いこともわかっています．

持久力は海馬が担う記憶力とも関係があることがわかっています．高齢者（平均64歳）を対象に，持久力と記憶力の関係を調べた研究では，最大酸素摂取量が高い高齢者ほど記憶力も優れていることが明らかになっています．この研究では，記憶力のテストとして，初めて見る人の顔と名前を覚える課題を行い，海馬の重要な機能である何かを関連付けて覚える能力を評価しています．この課題の若者の正答率は81%，持久力の高い高齢者では71%だったのに対し，持久力の低い高齢者では61%まで低下していました．

ここで紹介した研究は子供や高齢者を対象としたものでしたが，若者や中年など，ほかのどの年代でも持久力と前頭前野や海馬の機能に関係があることがわかってきています．

● **持久力が高い人が高い認知パフォーマンスを発揮できる脳のメカニズム**

持久力が高い人が認知機能も高い背景には，脳の構造や働きに違いがあることも最新の脳科学研究（ニューロイメージング研究）からわかってきています．まず，持久力が高い人は，前頭前野や海馬の体積が大きいことがわかっています．さらに，脳は他の脳部位と連携しながら脳全体がネットワークとして働きますので，前頭前野や海馬と他の脳部位との神経線維の結びつきが強いこともわかっています．また，認知活動を行う時の脳の活動が効率的であることもわかっています．私たちの研究では，実行機能を評価する課題を行う際，持久力の高い高齢者は左側の前頭前野を主に使って行っているのに対し，持久力が低くなると左右両方の前頭前野を使うことがわかっています．これは，持久力が低い高齢者は，本来左脳だけで行える課題を他の脳部位も動員して行っていること（効率の低下）を意味しており，持久力と認知機能の関係を裏付ける結果です．

ここまで，持久力と認知機能という一見関係なさそうな2つの能力が実は密接に関係していることを最新の研究成果から説明してきました．多くの研究者は，この関係の背景に運動による効果を想定しています．運動は，持久力を高めるだけでなく，脳にも働きかけ，認知機能を高めることが明らかになっているからです（p.150，156参照）．

解説：諏訪部和也・征矢英昭

chapter 3 ｜ sportsscience 3.27 ｜ 脳フィットネス ｜ 解説●岡本正洋・小泉　光・征矢英昭

# 運動はメンタルヘルスの増進に有効か？

　運動は「からだ」に作用するのみならず，「こころ」にも作用します．運動で気分がすっきりしたり，その後の仕事や勉強への集中力が高まったりした経験がある人も多いのではないでしょうか．実際に，運動は記憶力を高めるだけでなく，抑うつの軽減や統合失調症など精神疾患に対する予防・治療効果を発揮することが示されています．

● **精神疾患と運動療法：うつ病の場合**

　うつ病にかかると，気分が落ち込み，物事に対する意欲が低下します．この時，脳内では神経伝達物質であるモノアミン類（ノルアドレナリン，セロトニン，ドーパミンなど）の濃度異常や，神経細胞の萎縮や数の減少が生じていると考えられています．治療には抗うつ薬による薬物療法が一般的ですが，運動もまたうつ病の予防や症状改善に有効です．運動の頻度とうつ病になるリスクの関係を調べた研究では，運動を頻繁にするヒトは運動をしないヒトと比較し，うつ病になるリスクが1/3以下であること，また別の研究では，1週間に3時間以上運動すると，うつ病のリスクを30％近く軽減できることが示されています．うつ病は過度なストレスが要因の1つですが，運動習慣があるヒトは，ストレスによる気分の低下や，過剰なストレスホルモン（副腎皮質から分泌されるグルココルチコイドなど）の分泌を抑えることができます．運動によって獲得されるストレスへの耐性がうつ病の予防につながっているのかもしれません．

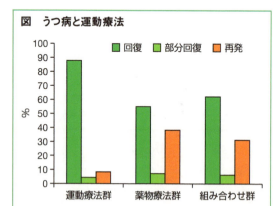

図　うつ病と運動療法

4か月間の治療介入によりうつ症状が寛解した被験者［運動療法群25名，薬物療法群29名，組み合わせ（運動療法＋薬物療法）群29名］の，介入終了6か月後における臨床症状を示した．運動療法群は他の治療介入群と比較して寛解状態を維持する被験者が多く，うつ病の再発率が低い．

（Babyakら，2000改変）

また，運動はうつ病を予防するだけでなく，うつ症状の改善にも効果的です．ある実験（図）では，うつ病と診断された人をランダムに運動療法，抗うつ薬の服用，運動療法と抗うつ薬の服用の3つのグループに分類し，4か月間の治療を行いました．その結果，すべてのグループにおいて，約60～70%のヒトでうつ症状が改善し，その効果は3つのグループの間で差がないことを報告しています．つまり，運動は抗うつ薬と同等の効果を持つことが示されたのです．さらに興味深いのは，運動は抗うつ薬と比較し，うつ症状の再発率が低いことです．先述したヒトの4か月の介入実験では，その後6か月間の追跡調査を行っています．その報告によると，運動によりうつ症状が改善した人のうち，うつ病を再発したのはわずか8%でした．抗うつ薬は頭痛や吐き気などの副作用のリスクが高いことが知られています．他の2つのグループでは約30～40%近くが再発していたことを踏まえると，いかに運動がうつ病の治療とその後の予防に効果的かわかります．

● **精神疾患と運動療法：統合失調症の場合**

　統合失調症は100人に1人が発症するとされ，うつ病などの気分障害に次いで患者数の多い精神疾患です．統合失調症の症状には，幻覚や妄想といった陽性症状，意欲の低下や感情の平坦化などの陰性症状，そして注意力・作業記憶の低下といった認知機能障害の3タイプに分類されています．その病因は未だ不明な点が多いものの，前頭皮質におけるドーパミン神経の機能低下が陰性症状や認知機能障害を，中脳辺縁系におけるドーパミン神経の機能亢進が陽性症状を引き起こすとされています．近年，統合失調症に対しても運動が効果的であることがわかってきました．臨床研究では，統合失調症の患者への10週間の中強度運動により，陽性症状・陰性症状を表すスコアが改善することが報告されています．また，メタアナリシスという統計手法を用いた研究では，有酸素運動が認知機能障害の改善に有用であることが示されています．基礎研究においても，統合失調症モデル動物に自発的輪回し運動を行わせると，統合失調症にみられるような行動異常が抑制されることが明らかとなっています．

　このように運動は精神疾患の予防や治療に効果的です．しかし，効果が現れるまでに少し時間がかかる場合もあるので，精神疾患を患う人に運動療法を施す際は，運動に対するモチベーションをいかに継続させるかが，重要なポイントとなるでしょう．

> **まとめ**
>
> ◆運動はうつ病や統合失調症などの精神疾患の予防や治療に有用で，薬と比べて副作用もなく，再発率も少ない．

chapter 3 | sportsscience 3.28 | 脳フィットネス | 解説●兵頭和樹・征矢英昭

# 運動は脳のアンチエイジングに有効か?

　脳は，筋肉と同様，使わなければ衰えていく一方ですが，よく使うことで，高齢になってもその機能は高まることがわかってきています．そして，脳を活性化させ，認知症のリスクを低下させる手段として最も効果が実証されているのが，実は運動なのです．

● 運動による脳の肥大効果

　年をとると，判断力が鈍くなったり，物事を覚えにくくなったりと，さまざまな認知機能が低下していきます．これは，目的を立てて計画的に行動や感情を制御する機能，すなわち実行機能を担う前頭前野や，学習・記憶を担当する海馬といった脳部位の機能低下が関連しています（p.152 コラム図参照）．脳は加齢に伴い萎縮していきますが，前頭前野と海馬は他の脳部位よりもより萎縮が強く起こります．最近の研究から習慣的に運動を行うと，この萎縮が抑えられるだけでなく，脳が肥大することがわかってきました．例えば，65歳の時点で一日の歩数が多かった（週に10 km以上歩く）高齢者は，9年後に前頭前野の体積が大きく保たれていることや，6か月から1年間，中・高強度の有酸素運動を週3回，1回1時間行うことで，前頭前野や海馬が肥大し，注意集中力や記憶力が高まることがわかっています．また，中年期（40代）に持久力の指標である最大酸素摂取量が高かったものは，高齢期（65歳以上）になった時の脳の萎縮が抑えられることがわかり，若い頃からの運動習慣が脳のアンチエイジングには重要であるかもしれません．

● 運動が認知症および軽度認知障害に与える効果

　正常な加齢とは異なり，認知症患者の脳では海馬や前頭前野の萎縮がより強く起こっています．これは，神経にアミロイド$\beta$が蓄積することや，神経軸索の機能に重要なタウ蛋白質の過剰なリン酸化によりできる異常な繊維（神経原線維変化）の蓄積が神経を損傷させることが原因の一つだと言われています．動物を用いた実験では，運動することでアミロイド$\beta$を分解する酵素の活性化を促したり，タウ蛋白をリン酸化する酵素の活性化を阻害したりすることが報告されており，運動の認知症発症を予防する効果が期待されます．実際にア

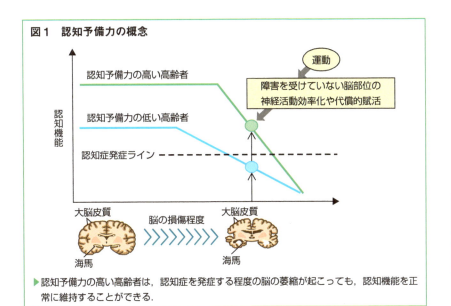

図1 認知予備力の概念

▶認知予備力の高い高齢者は，認知症を発症する程度の脳の萎縮が起こっても，認知機能を正常に維持することができる．

ルツハイマーの高齢者に対する運動効果は，いまだヒトでは実証されていませんが，認知症の前段階である軽度認知障害（MCI）には効果が確認されています．MCIとは，自立した生活は可能ですが，記憶や実行機能など一つの認知機能に強い低下が認められている状態で，5年後の認知症発症率が50％だと言われています．近年の研究では，MCIの高齢者に運動トレーニングを行うことで，認知機能が高まることが報告されており，認知症を食い止める効果が期待されています．

● 運動は認知予備力を高める

ここまで脳の構造に主に着目して話してきましたが，実は認知症レベルに脳が萎縮しても，運動で認知予備力を高めておくことで認知機能の低下は抑えることができます．認知予備力とは，ある脳部位が萎縮しても，他の脳部位が効率的に，もしくは代償的に働くことで認知機能を保つ力です（図1）．この認知予備力は，遺伝や教育年数，職歴，知的活動などさまざまな要因と関連しますが，運動も強く関連します．これまでの研究では，高齢者が10分間中強度の運動を行うと，若者では課題の遂行に必要としない前頭前野の一部の活動が高まり，実行機能が向上することがわかっています．

● 軽い運動でも認知症予防には有効

運動が身体に与える影響は，強度や様式によって異なるように，脳に与える影響もその運動条件により異なります．では，高齢者の認知機能を高めるには

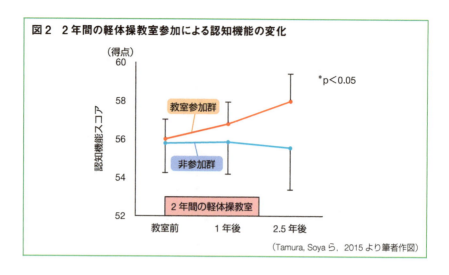

図2 2年間の軽体操教室参加による認知機能の変化

(Tamura, Soyaら，2015より筆者作図)

　どのような運動が有効なのでしょうか．これまでの研究では，心肺機能を高めるような中強度以上（最大酸素摂取量の50％以上）の有酸素運動の効果が多く実証されてきました．しかし，近年の研究から，身体に負担の少ない低強度の運動でも脳には十分効果がある可能性が出てきました（詳細なメカニズムに関してはp.150 Q3.26参照）．これまでに，低強度の運動（最大酸素摂取量の30％）を10分間行うことで，前頭前野の活動が高まり，認知機能が向上することや，体操教室に2年間参加した高齢者は，運動を行わなかった高齢者に比べて前頭前野の萎縮が抑えられ，認知テストの成績が向上したことが報告されています（図2）．また，ヨガや太極拳が認知機能向上に有効であることを示す研究結果も出てきています．したがって，日常生活の中での身体活動量を増やすことや，きつさのない低強度の運動を楽しんで行うことが認知症の予防につながっていくかもしれません．

---

**まとめ**

- ◆高齢期の運動は，前頭前野や海馬を肥大させることや，認知予備力を高めることで認知機能を高める．
- ◆認知症の前段階のMCIでは運動効果が確認されている．
- ◆低強度の運動でも認知症予防に効果的な可能性がある．

# chapter 4
# スポーツサイエンスの基礎知識

解説●山口明彦

# 筋肉とエネルギー供給の基礎知識

## 筋肉の種類と構造・機能

● 筋肉の種類

　筋肉は大きく骨格筋，心筋，平滑筋に分類することができます．このうち，心臓の筋肉である心筋や，内臓や血管を構成する平滑筋は自分の意志で動かすことのできない不随意筋であるのに対して，骨格筋は自分の意志で動かすことのできる随意筋という特徴があります．骨格筋は上肢，下肢，体幹などに大小約 400 個存在し，関節を動かす，固定するなどの全身の動きに対して主要な働きをします．スポーツ競技では，その時々の状況判断のもと自らの意志でさまざまな動きをすることが求められますので，骨格筋は特に重要な働きをしていると考えられます．

● 骨格筋の構造

　骨格筋は，筋線維と呼ばれる直径 10〜100 $\mu m$ の繊維状をした多核の筋細胞集合体です（図 1）．筋線維と筋線維の間には，筋衛星細胞と呼ばれる単核の細胞が存在し，筋肥大や損傷後の再生に重要な働きをしています．筋線維の内部はアクチンとミオシンと呼ばれるタンパク質が繊維状構造のフィラメントを構成しています．アクチンフィラメントとミオシンフィラメントはZ膜を介して整然と並んでおり，Z膜から次のZ膜までを1つの構成単位としてサルコメアと呼びます．

● 筋原線維

　サルコメアが縦につながったものを筋原線維と呼び，筋線維の中で直径約 1 $\mu m$ の円筒状のまとまりを形成しています．筋原線維は筋線維の長軸方向に並列しており，筋小胞体と呼ばれる網目状の膜様物質によって取り囲まれています．筋小胞体の末端部分（終末層）は横行小管系（T管）と呼ばれる器官と連結して三連構造をなし，筋収縮に際して重要な働きをしています．筋収縮は，アクチンフィラメントがミオシンフィラメントに滑り込むことによりサルコメアの長さが短くなり，それによって筋線維の長さが短くなることで筋線維の集合体である筋が短縮されることにより生じます（図 1）．一方，筋力は，滑り

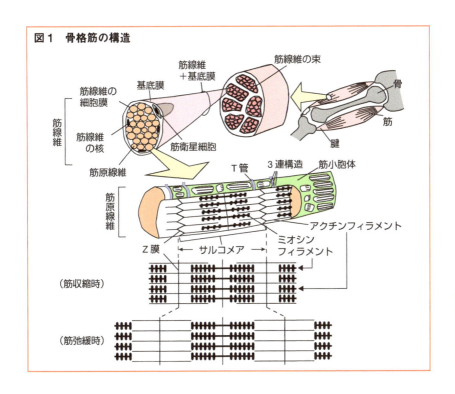

図1 骨格筋の構造

込んだアクチンフィラメントとミオシンフィラメントとの間に相互作用（連結橋形成）が生じることで力を発揮することが可能になります．

● **筋線維タイプ**

　筋線維はその特性によって大きく3つに分類することができます（表）．まず遅筋線維（typeⅠ線維）と速筋線維（typeⅡ線維）という大別があり，さらにヒトのtypeⅡ線維は2種類の主要なタイプtypeⅡA線維とtypeⅡX線維に分けられます．ヒトのtypeⅡX線維は，動物におけるtypeⅡB線維にほぼ相当します．typeⅠ線維は収縮速度は遅いが，有気的，酸化能力に優れており，疲労しにくいという特性を有しています．逆にtypeⅡX（typeⅡB）線維は収縮速度は速く，無気的，解糖能力に優れているが，疲労しやすい特性を持っています．typeⅡA線維は収縮速度は速いが，疲労しにくいという特徴を持った筋線維であり，酸化能力や解糖能力はtypeⅠ線維とtypeⅡX線維の中間的に位置します．ヒトの骨格筋では，このような特性が異なる3種類の筋線維が混在した形で構成されており，筋線維組成と呼ばれています．

● **筋線維組成**

　筋線維組成は，個人や筋肉の部位によって大きく異なることが知られていま

表　骨格筋線維タイプと特性

| 筋線維タイプ | type I 線維 | type IIA 線維 | type IIX 線維（type IIB 線維） |
|---|---|---|---|
| 別名 | 遅筋線維，赤筋 | 速筋線維，白筋 | |
| 収縮速度 | 遅い | 速い | 非常に速い |
| 発揮張力 | 小さい | 大きい | 非常に大きい |
| 疲労耐性 | 非常に高い | 高い | 低い |
| 酸化能力 | 非常に高い | 高い | 低い |
| 毛細血管密度 | 非常に高い | 高い | 低い |
| 解糖能力 | 低い | 高い | 非常に高い |

す．例えば，長時間走り続ける能力が求められる一流のマラソン選手の太ももの筋肉では，type I 線維の割合が高く，逆に速いスピードで走ることが求められる短距離選手では type II 線維の割合が高くなります．部位間の筋肉を比較すると，起立時に常に活動しているヒラメ筋では，多くの人は 70% 以上が type I 線維によって占められているのに対して，特別に意識しなければ活動することのない上腕三頭筋では type II 線維の割合が高くなります．筋線維タイプ間の特性の違いや個人差の大きさから，筋線維組成はスポーツの競技成績に影響する重要な要因の一つと考えられています．

● 運動強度と筋線維の動員

脊髄にある1つの運動神経細胞体は複数の筋線維を支配しており，運動神経細胞体が興奮すると支配されている筋線維は全て収縮します．したがって，ある運動ニューロンとその筋線維群は運動をするうえで1つの共同体であり，運動単位と呼ばれます．運動神経細胞体からの信号は連続的に行われたり断続的に行われたりと，さまざまな発射頻度で送られています．一般的に，運動強度が増すにしたがって発射頻度は高くなり，同一の筋線維であっても，より活発に活動に参加します．一方，脊髄の運動神経細胞体には運動によって興奮するものと興奮しないものがあり，すべての筋線維が使われるわけではありません．運動単位が運動に参加することを動員といいますが，運動強度が増すにしたがって興奮する運動神経細胞体数が増え，運動単位の動員数が増えます．筋力の増加は，このように運動神経細胞体からの信号の発射頻度と運動単位の動員数によって調節されています．

● 筋線維タイプと運動強度

運動強度の増加にともなう運動単位の動員には，筋線維タイプの影響を受けます（図2）．起立や歩行といった最大酸素摂取量の 40%（40% $\dot{V}O_2max$）以下の運動では，選択的に type I 線維が動員されます．運動強度が増し，ジョギングのような軽い運動（50〜70% $\dot{V}O_2max$）になると，type I 線維に加えて

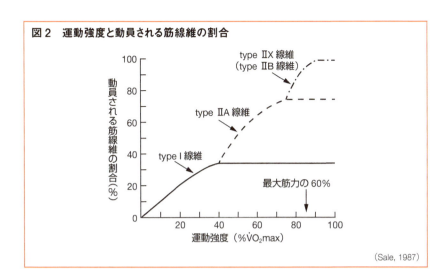

図2 運動強度と動員される筋線維の割合

(Sale, 1987)

type ⅡA 線維が動員されます．さらに運動強度が増すと，type ⅡX 線維まで動員されます．例外として，軽い運動であっても瞬発的な筋収縮を必要とする運動では type ⅡX 線維が選択的に動員される場合があります．

## 筋収縮のメカニズム

### ●大脳から筋肉までの情報伝達

「運動しよう」と大脳から指令が出されると，その情報は脊髄の運動神経細胞体まで伝えられます（図3）．腕を支配している運動神経細胞体は胸椎付近にあり，脚の筋肉を支配している運動神経細胞体は腰椎付近にあります．運動神経細胞体が興奮すると，情報がインパルスという電気的な信号として神経線維上を移動し，その末端である神経終末まで伝わります．神経終末は筋線維と接し，神経筋接合部を形成しています（図3）．神経終末にはアセチルコリンという神経伝達物質がシナプス小胞に蓄えられています．神経終末下の筋細胞膜は終板と呼ばれ，アセチルコリンと特異的に結合するアセチルコリン受容体が密に存在しています．神経筋接合部は神筋終末と終板の間にシナプス間隙と呼ばれる約 50 nm の隙間がありますが，刺激によって神経終末からアセチルコリンがシナプス間隙に放出されて終板の受容体と結合することで，情報が筋肉に伝えられます．

### ●筋肉内の情報伝達

筋肉内の情報は，電気的な信号として筋線維の細胞膜を伝わります．さらに細胞膜が陥入した組織である T 管によって細胞内に情報が伝えられ，T 管に隣

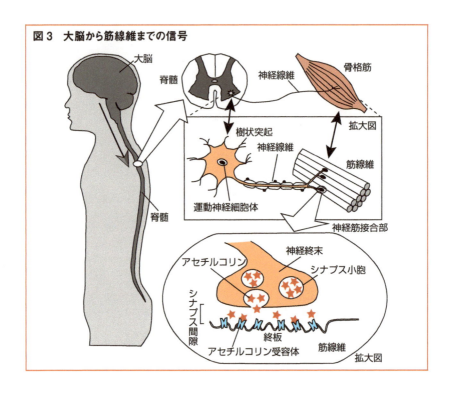

図3 大脳から筋線維までの信号

接する筋小胞体にまで到達します．筋小胞体はカルシウムを豊富に貯蔵している器官で，刺激によってカルシウムイオンを細胞質中に放出します．筋肉が弛緩した状態では，アクチンフィラメントのミオシン結合部位はトロポミオシンと呼ばれる分子によって覆われ，アクチンフィラメントとミオシンフィラメントの連結橋形成が阻害されています（図4）．一方，刺激によって筋小胞体からカルシウムイオンが放出されてアクチンフィラメント上にあるトロポニンに結合すると，トロポミオシンによるミオシン結合部位の覆いが取り除かれてアクチンフィラメントとミオシンフィラメントの連結橋が形成され，アクチンフィラメントがミオシンフィラメント上を滑走（筋収縮）します（図4）．収縮した筋が弛緩するためは，放出されたカルシウムイオンが筋小胞体によって再吸収されることが必要です．

アクチンフィラメントとミオシンフィラメントによる筋収縮，筋小胞体のカルシウムイオンの放出や再吸収には，アデノシン三リン酸（ATP）が必要です．ATPがアデノシン二リン酸（ADP）と無機リン酸（Pi）に加水分解される時のエネルギーによって，ヒトは運動することが可能になります．

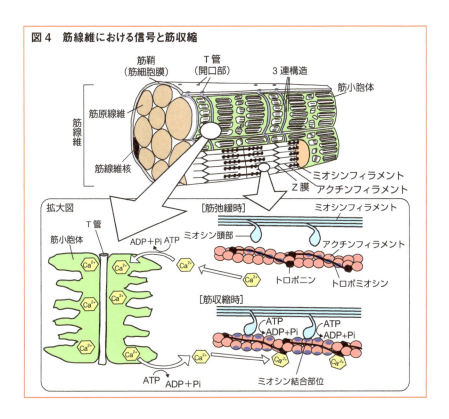

図4 筋線維における信号と筋収縮

# 運動とエネルギー供給系

● **ATP 再合成システム**

　筋が収縮するためには，ATP が必要ですが，筋肉中に含まれる ATP の量は運動時間に換算するとほんの 3 〜 5 秒程度しかありません．しかしながら，ヒトはウルトラマラソンに代表されるように何時間でも運動し続けることができます．この矛盾に対する答えが，ATP 再合成システムの存在です．

　ATP 再合成システムは，大きく分けて ATP-PCr 系，解糖系，酸化系という 3 種類のシステムが存在します（図5）．

● **ATP-PCr 系**

　筋肉中には ATP とともに，加水分解される時にエネルギーを発生するクレアチンリン酸（PCr）と呼ばれる高エネルギーリン酸化合物が存在します．PCr は ATP と違って直接的には筋収縮のエネルギー源となりません．しかしながら，クレアチンキナーゼという酵素の働きによって，クレアチン（Cr）

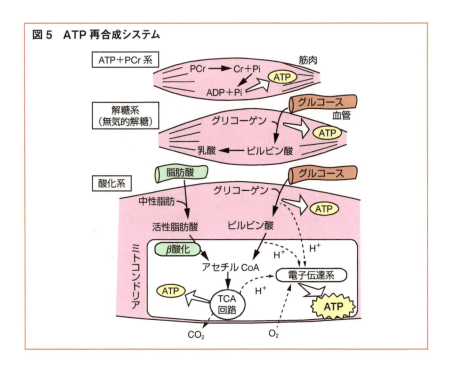

図5　ATP再合成システム

とPiに分解される時のエネルギーを利用してADPとPiからATPを再合成することができます。このシステムは筋肉中に含まれるPCrの量に限界があるので，すぐに枯渇してしまう特徴があります。しかしながら，この反応は酸素なしに非常に素早くATPを再合成することが可能であり，10秒以内の瞬発的な激しい運動にとって，最も重要なATP再合成システムと考えられます。ATP-PCr系が主要なエネルギー供給系となる競技種目には，陸上競技の100 m走や砲丸投げ，アメリカンフットボールのランニングプレーなどがあります。

● 解糖系（乳酸系）

　解糖系は，筋肉中に含まれるグリコーゲンや血中に含まれるグルコースを分解することでADPからATPを再合成するシステムです。この過程は酸素のあるなしに関わらず進行しますが，酸素がない状態では分解によってできたピルビン酸は乳酸に変換されます。（本書ではこのような酸素と無関係に生じる解糖反応（無気的解糖）を解糖系または乳酸系と呼びます）。解糖系はATP-PCr系と比較して複雑であり，乳酸まで分解されるのに12種類の酵素の働きが必要とされます。そして，筋グリコーゲン1分子から3分子のATP，血中のグルコース1分子からは2分子のATPが合成されます。

　10秒を越えた全力運動では，ATP-PCr系に加えて解糖系が働き出します。

ATP-PCr系と解糖系は，酸素を利用することなくATPを再合成することができるので，無酸素性エネルギー供給系（無酸素系）と呼ばれます．解糖系のみによる全力運動の継続可能時間は30秒程度であり，ATP-PCr系と合わせた運動時間は40秒程度になります．実際のスポーツ競技種目では完全な全力運動を行い続けていないので，30～90秒程度持続するような全力運動では解糖系が最も重要なエネルギー供給系と考えられます．陸上競技の400m走，スピードスケートの500m競技，100m競泳などは，解糖系が主要な働きをする代表的種目です．

解糖系は，体内にある糖の量に限りがあること，酸素を利用しないために生成された乳酸が代謝されずに筋を酸性化し，酵素反応や筋収縮を阻害することから，この系のみで長時間運動を継続することは難しいと考えられます．

## ● 酸化系（有酸素系）

酸化系は，酸素を利用してグリコーゲンやグルコース，脂肪を水や二酸化炭素にまで分解する過程でATPがつくられるシステムです．酸素が充分に供給される時，グリコーゲンやグルコースの分解によってできたピルビン酸はミトコンドリア内に入り，アセチルCoAに変換されます（有気的解糖）．一方，脂肪は，筋肉内で活性脂肪酸に変換された後ミトコンドリア内に入り，$\beta$酸化と呼ばれる過程によってたくさんのアセチルCoAを生成します．どちらのアセチルCoAもその後TCA回路に入り，二酸化炭素にまで分解される過程でATPがつくられます．酸化系では，有気的解糖やTCA回路で放出された水素イオンからATPをつくることができます．これは電子伝達系と呼ばれる反応で，ミトコンドリア内膜において酸素を利用しながらたくさんのATPがつくられます．

酸化系は酸素を利用してATPを再合成することから有酸素性エネルギー供給系（有酸素系）とも呼ばれます．3分以上継続できる全力運動では，糖や脂肪を原料として効率よくATPを産生します．完全な有酸素系の運動では，乳酸蓄積も呼吸の乱れもほとんどなく，無制限に運動を継続することが可能です．しかしながら，有酸素系は，その複雑な経路からエネルギー供給速度が遅く，短時間の激しい運動に対して充分なエネルギーを供給することは難しいと考えられます．マラソンやクロスカントリースキー，1,500m競泳などが，典型的な有酸素系の競技種目といえます．

運動強度が高く，短時間で激しい運動では，無酸素系の役割が大きくなります．一方，低強度で長時間の運動になるほど，有酸素系の役割が大きくなります．それぞれのスポーツにおける動き方，激しさ，さらに競技時間から，そのスポーツに重要なエネルギー供給系が理解できるのではないでしょうか．

解説 ● 鍋倉賢治

# 呼吸循環の基礎知識

## 運動時の酸素摂取量の調節

　運動時には骨格筋などの組織で多くの酸素を必要とし，酸素は以下の経路で運搬されます．①呼吸により肺へ空気を取り込み，②肺胞の毛細血管で拡散により酸素が血液へ溶け込み，③酸素を含んだ血液が肺静脈を経て心臓へ戻り，④心臓から全身へ血液が駆出され，⑤各組織で酸素が取り込まれます．したがって，酸素獲得のためには呼吸機能と循環機能の協調が重要であり，その結果が酸素摂取量の変化として現れます．ここでは運動時の酸素摂取量の調節を支える心拍出量と換気量の反応を考えてみます．

● 換気量の変化

　1回の呼吸で肺に取り込まれる空気を「一回換気量」，1分間の量を「換気量」と呼びます．通常安静時には1分間に10～15回の呼吸を行っていますが，運動を始めると一回換気量および呼吸数がともに増え，換気量が増大します．このように呼吸の大きさや回数を制御しているのが呼吸中枢で，末梢に多くの受容器を持っています．受容器は肺，筋，腱などに多く，また血液pHを感知する化学受容器もあり，それぞれの情報が呼吸中枢を刺激し呼吸を綿密に調節しています．例えば運動時には，酸素の利用によって血中の酸素分圧の低下および二酸化炭素分圧の上昇が起こり，この変化を化学受容器が感知し，呼吸中枢を介して呼吸が活発になります．一般に運動強度と換気量の増大は比例しますが，ある強度を超えると酸素需要量以上の換気が起こり，最大時には呼吸数は1分間に60～70回，換気量は男性で100（女性で70）L以上，からだの大きなスポーツ選手においては150～200L近くにも達します．なお，最大換気量は胸郭の大きさでほぼ決まるため，トレーニングによる改善は小さいとされています．

　近年，呼吸筋の疲労と持久性運動パフォーマンスの関係について注目が集まっており，特に強い運動を長く続けた場合，呼吸筋の疲労が起こり，それが持久性運動のパフォーマンスを制限することが指摘されています．特に最大運動時の呼吸筋の酸素消費量は全身の酸素消費量の10～20％程度を占め，疲労によって呼吸筋活動の機械的効率が低下します．おおむね，最大酸素摂取量の

85%程度の強い運動の継続によって呼吸筋が疲労するといわれており，持久性アスリートにとって，呼吸筋を鍛えることは重要な課題といえそうです．

## ● 心拍出量の変化

心拍出量とは心臓から全身へ駆出される1分当たりの血液量のことであり，一回拍出量と心拍数の積で決まります．運動時には両者ともに増加して，心拍出量の増大に貢献します（図1）．軽い運動から徐々に負荷を増していく時，心拍出量は必ずしも運動強度に比例して増大するわけではなく，ある強度を超えるとその増加率が低下します．これは運動強度に対する両者の応答に差異があるためです．心拍数は運動強度にほぼ比例して上昇するのに対して，一回拍出量は中等度の強度（図1：②と③最大下運動）までは増加しそれ以降はプラトーか若干減少します．これは，運動時の血圧上昇による血管末梢抵抗の増大，心拍数の増大（心周期の短縮）に伴い，心臓への血液充満のための時間（拡張期）が短縮されてしまうことなどに原因があります．

つまり，運動時の心拍出量の調節は2因子の相乗効果の結果ですが，中等度

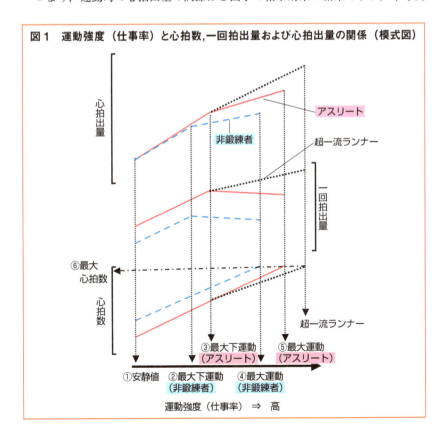

図1 運動強度（仕事率）と心拍数，一回拍出量および心拍出量の関係（模式図）

の強度以上（心拍数で120拍/分程度）になると心拍数の貢献度が一回拍出量のそれよりも大きいことになります．心拍数および一回拍出量は，自律神経系，大動脈圧，心筋の収縮力などの要因に規定されます．

● 心拍出量のトレーニング効果

長距離ランナーなどのように心臓をよく鍛練している人は，安静時や同一強度の最大下運動時の心拍数が低下します．これはアスリートの一回拍出量が大きいため，少ない心拍数でも心拍出量を維持できることに起因します．最大運動時の状況を比較すると，心拍数はほぼ同じ（図1：⑥最大心拍数）であるのに対して一回拍出量がアスリートのほうが大きく，心拍出量は高くなります．これがアスリートの最大酸素摂取量が大きい一因であり，結果としてより強い運動が可能になります（図1：最大運動強度④と⑤の差）．また，一回拍出量が増加しなくなる運動強度が高い（図1：最大下運動強度②と③の差）という特徴もあります．これは心拍出量を増大させる効果だけでなく，2因子によって調節できる運動強度の上限が高くなることを意味し，トレーニングによって心拍出量の調節がより弾力的になったことを示しているともいえます．アスリートの一回拍出量が大きい理由は，主に心臓が肥大して心容積が大きい形態要因と，心筋の収縮性および拡張性が優れている機能要因によります．その他に心筋の毛細血管の発達，血管の弾力性が高く血圧が低いことなども関係しています．特に超一流ランナーの中には，心拍数の増加に対して一回拍出量がプラトーや低下せず，増加し続ける事例も報告されており，超エリート選手の高い最大酸素摂取量，ひいては優れたパフォーマンスを支える一因になっているかもしれません．

● 短時間運動時の循環反応

数10秒〜数分の短い運動の場合，心拍数や酸素摂取量は運動強度に応じて増加の様態が異なります（図2A）．中強度の軽い運動の場合，心拍数は運動開始直後に急激な増加がみられるものの，その後やや低下してほぼ定常状態を維持します．強度が高くなると，運動開始直後に急増し，その後も定常状態は得られず，緩やかに漸増する現象がみられ，場合によっては運動継続が不可能となります．いずれの場合も運動開始直後の急激な心拍数の増加は，副交感神経の急速な低下が主因となり，その後の増加は主に交感神経緊張によるものと考えられています．心拍出量と換気量の2要因の影響を受ける酸素摂取量は，心拍数の反応よりもやや遅れて増加します．運動を終了すると心拍数や酸素摂取量は緩やかに回復しますが，特に強度の強い短時間運動の場合，しばらく高値を示したり，長時間（1時間程度）にわたり安静時よりも高い酸素摂取量を示す（Excess Post-exercise Oxygen Consumption：EPOC）ことが知られています．これは，運動中のエネルギーを無酸素性代謝によって賄っているための補償作用や，運

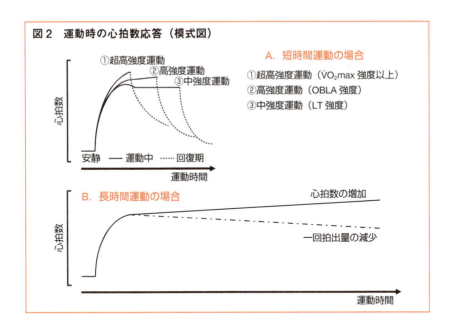

図2 運動時の心拍数応答(模式図)

動中に分解された脂肪酸をエネルギーとして利用する脂質酸化が亢進しているためです．したがって，強度の強い短時間運動や短い運動を繰り返すようなボールゲームの循環動態やエネルギー代謝を評価することは，運動後の代謝も含めて評価する必要があり，強度の軽い一定負荷運動に比べて複雑になります．

● 長時間運動時の循環反応

　運動を長時間続けていると強度が一定であっても，心拍数は緩やかに増加する現象がみられます（図2B）．これは一回拍出量が徐々に減少するため，心拍出量を維持するための補償作用でありドリフトと呼ばれる現象です．一回拍出量の減少は，体温上昇に伴う皮膚血流量の増加によって中枢循環血液量が低下した結果起こります．トレーニングを積むとドリフトが軽減されること，過度なドリフトは運動の制限因子となることから，ドリフトの存在は身体が運動に十分適応していない証拠であると考えられます．また運動中に水分を補給すればドリフトは軽減され，環境温度が高い場合，反対にドリフトは大きくなります．このように，ドリフトは体力要因だけではなく，外因性の要因によっても影響を受け，夏の持久性運動のパフォーマンス（競技記録など）が低下する要因にもなります．一方，酸素摂取量も運動継続に伴いやや増加する傾向を示しますが，心拍数ほど顕著ではありません．酸素摂取量の微増は，エネルギー基質が糖から脂質へとシフトしていく代謝の変容と，運動効率の低下（ランニングの場合，走の経済性の低下）などが原因とされています．

解説●征矢英昭

# 内分泌系（各種ホルモン，乳酸など）の基礎知識

　私たちが運動している時，体内ではエネルギー供給系だけでなく，呼吸循環系，神経系などさまざまな生体反応が行われています．この生体反応を体液性に調節しているのが，からだの各器官から分泌される多くのホルモンであり，その運動時の動態は多様です（表）．

　さて，筋の持続的な活動の主要なエネルギー源である血中のグルコースは，からだの各器官や脳のエネルギー源としても不可欠です．そのため，運動時においては，血糖値の低下を防ぎ，一定に保とうとする機構が働きます．この機構を詳しくみてみましょう．

●運動の開始により，血中カテコールアミン濃度が上昇する

　カテコールアミンとは，副腎髄質から分泌されるアドレナリンと神経伝達物質であるノルアドレナリン，ドーパミンの総称です．なかでもアドレナリンは特に重要であり，肝臓や筋のグリコーゲン分解や解糖，糖新生*，脂肪分解などを促進し，運動時のエネルギー需要に応じる作用をもっています．また，運動開始に伴って増加したアドレナリンは，心拍数を増加させるなどして循環血液量を増加させる作用ももっています．

　運動が長時間にわたると，血糖値は徐々に低下し始めます．この時，膵臓のランゲルハンス島α細胞からグルカゴンの分泌が増加します．グルカゴンは，肝臓におけるグリコーゲン分解や糖新生を亢進し，血糖を上昇させます．また，脂肪組織での脂肪分解や肝臓でのケトン体産生も促進し，これらをエネルギー源として供給します．一方，膵臓のランゲルハンス島β細胞から分泌されるインスリンは，組織へのグルコースの取り込みを促進する作用をもっていますが，運動時には減少します．これは，増加したカテコールアミンによる抑制を受けるためです．

　　* 糖新生：運動を継続するために必要な糖（グルコース）を新たに生成する機構．主に肝臓で行われ，乳酸やアラニンがピルビン酸になり，さらに解糖の逆の過程を経ることで糖が再合成される．

●LT強度以上の運動は一種のストレス

　ある一定強度以上（およそ最大酸素摂取量の60〜70％以上）の運動では，解糖系の代謝産物である乳酸が血中に蓄積します．この乳酸の蓄積が開始する

運動強度は，乳酸性作業閾値（Lactate Threshold；LT）と呼ばれ，ちょうどこの LT を超える強度になると，多くのホルモンが血中に増加し始めます．この時，下垂体から副腎皮質刺激ホルモン（ACTH）をはじめとして，バソプレッシン（AVP）やプロラクチン（PRL）などのストレス反応に関連しているホルモンの分泌が増加することから，LT 強度以上の運動は一種のストレスと定義することができます．ACTH は，副腎皮質ホルモンであるグルココルチコイドの血中濃度を上昇させます．このグルココルチコイドについても，前述したカテコールアミンやグルカゴンと同様に，肝臓での糖新生亢進などエネルギー供給系に関わる生理作用をもっています．

表　運動により変化するおもなホルモン

| 内分泌腺 | ホルモン | 運動による増減 |
|---|---|---|
| 下垂体前葉 | 成長ホルモン（GH） | ↑ |
| | 甲状腺刺激ホルモン（TSH） | ↑ |
| | 副腎皮質刺激ホルモン（ACTH） | ↑ |
| | 乳腺刺激ホルモン（プロラクチン，PRL） | ↑ |
| 下垂体後葉 | 抗利尿ホルモン（バソプレッシン，AVP） | ↑ |
| | オキシトシン（OXT） | ↑ |
| 副腎皮質 | コルチゾール | ↑ |
| | アルドステロン | ↑ |
| 副腎髄質 | アドレナリン（A） | ↑ |
| | ノルアドレナリン（NA） | ↑ |
| 膵臓 | インスリン | ↑ |
| | グルカゴン | ↓ |
| 脂肪 | レプチン | ? |
| 腎臓 | レニン | ↑ |
| 心臓 | 心房ナトリウム利尿ペプチド（ANP） | ↑ |

● **成長ホルモン（GH）濃度の変化**

GH は下垂体前葉から分泌され，骨や筋に対して強力な成長促進作用をもっています．エネルギー供給面からみたその他の生理作用として，脂肪分解亢進，インスリン感受性の低下，ケトン体産生促進などがあげられます．血中 GH 濃度は，最大酸素摂取量の約 50％強度の運動で上昇し始め，強度依存的に増加するということが報告されています．しかしながら，長時間の運動時にはしだいに減少し，運動前のレベルまで推移するともいわれています．

運動時に関わらず，さまざまな活動をしていくうえで，生体はさまざまなホルモンにより調節を受けていますが，これらの調節は，ホルモンのような体液性の調節だけでなく，同時に自律神経による調節も受けています．この2つの調節系が協調し合い，私たちのからだは，運動やその他の刺激に対して適応しているのです．

解説●上林清孝

# 神経科学の基礎知識

## 神経細胞の構造と機能

　神経系の構成要素である神経細胞（ニューロン）は，核を含む細胞体とそこから伸びる樹状突起と軸索からなります（図1）．樹状突起や細胞体は他の神経細胞から情報を受け取り，情報を統合します．軸索は電気的な信号（活動電位）として情報を別の神経細胞へ伝達する電線の役割をもっています．軸索は分岐して神経終末となり，別の神経細胞に連絡しています．

●細胞膜の構造と活動電位の発生

　細胞はリン脂質の二重層からなる膜（細胞膜）をもち，細胞内外で異なった環境が保たれています（図1）．膜の内側と外側には電位差があり，静止状態で細胞膜電位は−70 mV程度になっています．この細胞膜には特別な機能をもつタンパク質（イオンチャネル）が埋め込まれていて，その孔を通って特定のイオンが細胞の内外へ移動できる仕組みになっています．細胞膜にある受容体への神経伝達物質の結合などで，イオンチャネルが開いてイオンが移動できる

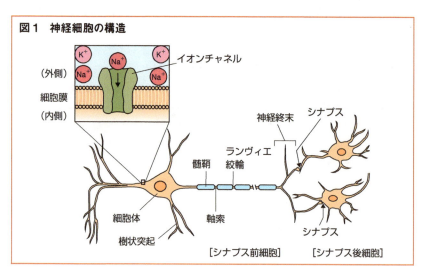

図1　神経細胞の構造

ようになり，膜電位が変化します．Na$^+$のような陽イオンが細胞膜の外から内へ流れ込むと膜電位はプラス方向に変化します．膜電位が閾値と呼ばれるある電位レベルを超えると，Na$^+$の細胞内への流入がさらに進み，急激に膜電位が上昇する活動電位が生じます．この活動電位の発生が神経細胞の興奮を意味し，次の神経細胞に情報を伝達することになります．膜電位の変化が閾値を超えなければ神経細胞の興奮にはならず，閾値を超えれば一定の大きさの活動電位が生じるこの現象を「全か無かの法則」と呼びます．

● **軸索の構造と活動電位の伝導**

軸索は構造の違いによって無髄神経と有髄神経の2種類に分類されます．有髄神経では軸索が絶縁特性をもつ髄鞘（ミエリン鞘）で覆われており，軸索が露出している箇所（ランヴィエ絞輪）でのみ活動電位が生じることになります（図1）．軸索の起始部で生じた活動電位は軸索の末端までランヴィエ絞輪から次のランヴィエ絞輪に跳躍伝導し，髄鞘をもたない無髄神経よりも速い神経伝導速度を有します．

● **シナプスでの神経伝達**

神経細胞間の主要な情報伝達は，神経伝達物質を介する手段になります．興奮の送り手側である神経細胞（シナプス前細胞）と興奮の受け手側である細胞（シナプス後細胞）との接続部はシナプスと呼ばれ，そこにはわずかな隙間（シナプス間隙）があります（図1）．シナプス間隙では電気信号で興奮が伝わらず，神経終末に活動電位が到達するとシナプス小胞と呼ばれる袋に入っている神経伝達物質がシナプス間隙に放出され，シナプス後細胞へ情報が伝達されます．シナプス後細胞の細胞膜上にある受容体に神経伝達物質が結合するとイオンチャネルが開き，膜電位が変化します．膜電位がプラス方向に変化する興奮性の影響だけでなく，神経伝達物質の種類によっては膜電位がさらに下がる抑制性の影響も生じます．シナプス後細胞は多数のシナプス前細胞より入力を受け，その総和が閾値を超える膜電位の上昇をもたらすとシナプス後細胞に活動電位が発生することになります．

# 脳の構造と機能

神経系は中枢神経系と末梢神経系に分類され，中枢神経系は脳と脊髄からなります．脳は大脳半球，間脳，中脳，橋，延髄，小脳で構成され，中脳，橋，延髄を合わせて脳幹と呼びます（図2）．ヒトの脳全体で千数百億個の神経細胞があるとされ，これらの神経細胞間での電気信号による情報のやりとりは生命維持のみならず，身体活動や精神活動の基盤となっています．

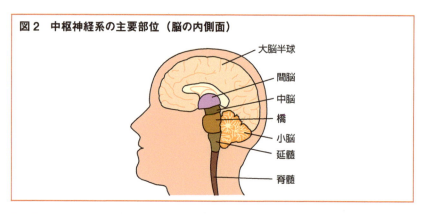

図2　中枢神経系の主要部位（脳の内側面）

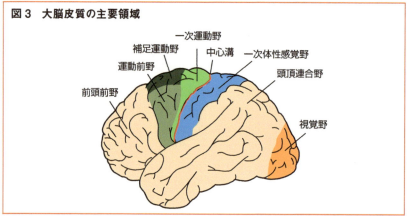

図3　大脳皮質の主要領域

● **大脳半球**

　大脳半球の表面には大脳皮質と呼ばれる灰白質層があり，神経細胞の細胞体が存在します．大脳皮質は運動，知覚，思考など特定の役割を部位ごとに担っています．中心溝と呼ばれる深い溝のすぐ前方には一次運動野があり，この領域の錐体細胞は脊髄の運動ニューロンに直接つながる軸索（皮質脊髄路）を伸ばしています（図3，図4）．この軸索の大部分は延髄で左右交叉するため，右脳からの運動指令は左半身の筋収縮を引き起こします（図4）．また，一次運動野では下肢の筋を収縮させる錐体細胞が内側部にあり，そこから外側にかけて体幹，上肢，顔の順に並ぶ体部位局在がみられます．一次運動野の前方には運動前野や補足運動野という運動関連領野があり，運動の準備に関わっています．さらに前方にある前頭前野は意思決定がなされる領域と考えられています．前頭前野における意思決定によって運動関連領野で運動が計画，準備され，その情報は一次運動野へと送られて錐体細胞を興奮させることになります．その

興奮は運動指令として皮質脊髄路を通じて脊髄運動ニューロンを興奮させ，その活動電位は軸索である運動神経を伝わり，筋が収縮することになります（図4）．

皮膚，筋，関節などにある感覚受容器で生じた体性感覚情報は感覚神経を通じて脊髄内へ送られ，上行して中心溝のすぐ後方にある一次体性感覚野へと伝えられます．一次体性感覚野においても運動野と同様に体部位局在がみられます．視覚の情報は大脳皮質後部にある一次視覚野へと送られます．体性感覚野や視覚野からの情報は頭頂連合野に伝えられ，それらの情報を統合することで空間に

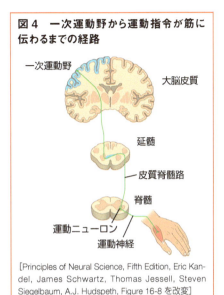

図4 一次運動野から運動指令が筋に伝わるまでの経路

[Principles of Neural Science, Fifth Edition, Eric Kandel, James Schwartz, Thomas Jessell, Steven Siegelbaum, A.J. Hudspeth, Figure 16-8 を改変]

おける身体位置を知覚できるようになります．身体内外の状況に関するさまざまな感覚情報のフィードバックをもとに，状況に応じて中枢神経系で筋収縮のタイミングや強度を調節することで，スポーツにおける巧みな身体動作が可能となります．

大脳半球の深部には，運動調節に関わる基底核，記憶に関わる海馬，情動反応に関わる扁桃体といった脳領域が存在します．

● **間脳および脳幹**

間脳には視床と視床下部という構造があります．視覚，聴覚，体性感覚といった感覚情報は，視床を介して大脳皮質へ伝えられます．視床下部は，自律神経系や内分泌系を調節しています．

脳幹にある網様体は多くの神経核を含む構造で，その軸索は広範な脳領域に投射して，睡眠や覚醒レベルの調節などに関与しています．延髄には呼吸，循環，消化といった生命活動に不可欠な機能を担う中枢が存在します．

● **小脳**

小脳は前庭や体性感覚の情報を受け，眼球運動や姿勢の調節に関わっています．また，大脳皮質の運動関連領野から入力を受け，出力を視床を介して運動関連領野に戻すループ回路を構成しており，運動調整系の役割をもちます．さらには，運動実行前の予測と実際の運動で生じた感覚情報との誤差から運動プログラムを修正することにより，運動の学習にも強く関連しています．

解説●渡邊裕也

# トレーニングの基礎知識

　トレーニングは体力を向上させるために行います．体力の増強は競技パフォーマンス向上だけでなく健康増進にもつながります．しかし，一口に「体力」といっても「筋力」や「持久力」などたくさんの種類に分類されます．トレーニングに取り組むことで目的とする効果を的確に得るためには，トレーニング刺激に対してからだが示す適応反応をうまく引き出すための手順が必要となります．ここでは，体力を分類しそれぞれの要素に対応するトレーニング法を簡単に紹介するとともに，トレーニングの基本的な指針について概説します．

## 体力の構成要素

　「体力」という言葉を聞くと，「力の強さ」や「スタミナ」をイメージすることが多いと思います．しかし，体力の概念となると，明確に説明できる人は少ないのではないでしょうか．日本では，体力を身体的要素と精神的要素に分類し，両者を合わせて広義の体力としてとらえる概念が広く用いられていますが，ここでは，体力の概念から精神的要素を除いて，体力を狭義での身体的能力と位置付けます．したがって，本稿における体力は「人間の活動や生存の基礎となる身体的能力」となります．
　体力は大まかに，「走る」・「投げる」・「跳ぶ」に代表される行動に強く関連する「行動体力」と身体を防衛したり，環境に適応したりする能力である「防衛体力」の2つに分けることができます（図）．行動体力は，「行動を起こす能力」，「行動を持続する能力」，「行動を調節する能力」から構成され，「筋力」，「筋パワー」，「筋持久力」，「全身持久力」，「平衡性」，「敏捷性」，「巧緻性」，「柔軟性」といった体力要素に細分化されます．一方，防衛体力は生存に関わる要素であり，さまざまなストレス（寒冷や暑熱といった物理化学的ストレスなど）に対して，生体の内部環境を一定に保つ能力です．
　行動体力の各要素は，身体機能を直接表していますので，各種トレーニングでは，行動体力を向上させることが目的となります．トレーニングを行い，筋力や全身持久力といった各体力要素に対して適切に働きかけることで各体力要素は向上します．例えば，ランニングのような連続して長い時間続けられる有

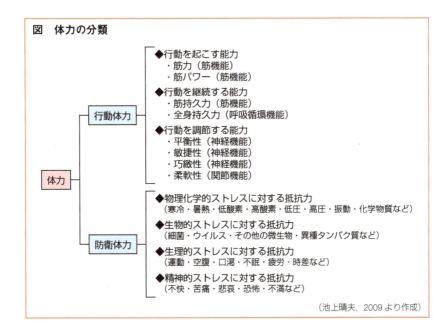

図 体力の分類

(池上晴夫，2009より作成)

酸素運動は，全身持久力を高めます．加えて，有酸素運動には体脂肪の過剰な蓄積を抑える，血管の状態を健全に保つといった効果もあります．一方，筋肉の量を増やし，筋力増強を引き起こすには，レジスタンストレーニング（筋力トレーニング）が最も効果的です．柔軟性を向上させるにはストレッチングが有効となります．自身の競技にはどんな体力要素が関連するのかを考えて，必要な体力要素を伸ばすために的確なトレーニングを行うことが重要です．トレーニング内容の詳細はそれぞれを扱う項を参照してください．

行動体力を根底から支えているのが防衛体力です．例えば，各種ストレスに対する抵抗力が低く，体調を崩しがちであれば，十分なトレーニングを継続して行うことができません．こういった状況では，行動体力を著しく向上させることが難しくなります．防衛体力，つまりストレスに対する抵抗力・適応能力には，自律神経系・内分泌系・免疫系など多数の器官が関連しています．これらの器官は，規則正しい生活習慣・食習慣によって支えられています．

# トレーニングの基本的な指針

気まぐれで行うトレーニングだけでは，十分な効果はありません．目的とする効果を確実に得るには，トレーニングにおける「運動強度」，「継続時間」，「頻度」が大切なポイントになります．つまり，どの程度の強度のトレーニングを，

どれくらいの時間，週に何回実施するかということです．病気を治すために薬を飲むときに，どのような薬を，どのくらい飲むのか，その加減が重要なのと同じです．なお，筋力トレーニングでは，有酸素運動のようにどのくらいの速度で何分間運動を続けるかという概念がないので，時間の代わりに，「回数×セット数」を決めます．

これらの条件が一定のレベルを満たせば，トレーニング効果が期待できます．反対に，条件が満たされていなければ効果は得られないことになります．例えば，どんなにきつい強度であっても，運動時間が短すぎたり，頻度が極端に少なすぎては，トレーニングとして成立していません．同様に，毎日長時間行っていたとしても，必要なトレーニング強度に達していなければ，効果は見込めません．効果的にトレーニングを進め，競技パフォーマンスを向上させていくには，トレーニングの原理・原則に則ったプログラム作成が必要となります．ここでは，トレーニングに対する身体適応の基本原理である「トレーニングの原理」と効果的なトレーニングのための基本ルールである「トレーニングの原則」を紹介します．

● **トレーニングの原理**

・**過負荷の原理**：体力を向上させるには，単にトレーニングをこなせばよいというわけではなく，ある一定レベル以上の刺激を与える必要があります．これを過負荷（オーバーロード）の原理といいます．

普段トレーニングをしていない人が，筋肉量を増やし，筋力を高めたい場合，筋力トレーニングによって日常生活でかかる負荷よりも高い負荷を筋肉に与えれば，それが過負荷（オーバーロード）になります．この普段よりも強い刺激に対して筋肉は適応し，発達します．当然ですが，普段身体にかかる負荷よりも低いレベルの刺激をいくら与えても，体力が向上することはありません．

・**特異性の原理**：トレーニングの効果は与えたトレーニング刺激に対して特異的に現れます．したがって，トレーニングに取り組む時は目的に応じた内容で行う必要があります．これを特異性の原理といいます．特異性の原理には，いくつかの構成要素があるので，紹介します．

【部位特異性】　当たり前ですが，トレーニングの効果は，トレーニングを課した部位に現れます．腕の筋力トレーニングを行えば，腕の筋肉が太くなり，腕の筋力が高まります．腕のトレーニングで脚を鍛えることにはなりません．強化が必要な筋肉を鍛えるには，その筋肉を使うトレーニング種目を選択しなければなりません．

【動作特異性】　筋力トレーニングによる筋力増強効果は，取り組んだトレーニング動作においてより高くなります．例えば，脚をスクワットで鍛えた場合とレッグエクステンションで鍛えた場合で考えてみましょう．どちらも脚を鍛え

る種目ですが，スクワット動作（膝伸展＋股関節伸展）における筋力はスクワットを行ったほうが，レッグエクステンション動作（単純な膝伸展）における筋力はレッグエクステンションを行ったほうがより伸びます．これは，それぞれの動作に適した筋力発揮の方法（複数の筋によるコーディネーション）があるためです．したがって，競技動作での筋力を高めたい場合は，「競技動作に近いスタイルのトレーニング種目」を選択するとよいでしょう．

**【速度特異性】** トレーニング動作の速度にも特異性が当てはまります．つまり，低速度で行うトレーニングでは，低速度の筋力発揮能力の増強が，高速で行うトレーニングでは，高速での筋力発揮能力の増強が引き起こされます．

**【エネルギー特異性】** ヒトのエネルギー供給機構は，有酸素性エネルギー供給系と無酸素性エネルギー供給系に大別されます．低い強度の運動では，有酸素性エネルギー供給系の貢献度が，高い強度の運動では無酸素性エネルギー供給系の貢献度が高くなります．エネルギー供給についても，特異性が成り立ちます．有酸素性エネルギー供給系に負荷をかけるローパワートレーニングを行うと有酸素能力が，無性有酸素性エネルギー供給系に負荷をかけるハイパワー・ミドルパワートレーニングを行うと無酸素能力がそれぞれ向上します．

それぞれの競技種目の特性に応じた専門的トレーニングを行うことは，理にかなったことです．しかし，特異性の原理を極端に捉えてトレーニングの本来の目的を忘れてしまってはいけません．例えば，ピッチングの筋力を鍛えるために，ケーブルマシンやゴムチューブを使ってピッチング動作そのものに負荷をかける方法は得策ではありません．不安定な姿勢では，筋肉に十分な刺激を与えにくいばかりでなく，けがのリスクも考えられます．筋力トレーニングの種目選択においては，安定した姿勢で実施でき目的の筋肉にしっかり強い負荷をかけられる「一般的なトレーニング種目」の中から選ぶべきです．また，試合の心拍数に合わせてランニングを行うことがありますが，これも本来の目的を忘れている例の1つです．持久力を向上させるには，高い強度でトレーニングを行うべきです．

・**可逆性の原理**：トレーニングによって得られた効果（身体機能の向上）は，永遠に続くものではありません．トレーニングをやめてしまえば，いずれ元のレベルに戻ります．これが可逆性の原理です．持久系トレーニングで発達した心臓や増加した毛細血管，筋力トレーニングで強く大きくなった筋肉も，トレーニングをやめてしまえば，元に戻ってしまいます．

競技スポーツでは，冬場に筋力トレーニングをやり込むという話をよく聞きますが，春を迎えてトレーニングをやめてしまえば時間の経過とともに，せっかく手に入れた強い筋肉も徐々に失われていきます．したがって，「筋力トレーニングは冬場だけ」とするのは問題です．なお，全身持久力は筋力に比べ，ト

レーニング中断の影響を強く受けることが知られています．そのため，期間を限定した持久力トレーニングにはあまり意味がないことになります．

ただし，可逆性があるといってもトレーニングを1日でも休んだらダメということでは決してなく，回復の時間を確保することも適切なトレーニング効果を獲得するうえで重要です．理想的なトレーニングの頻度は，筋力トレーニングで週2～3回，持久力トレーニングで週2～5回とされています．疲労がたまっていると感じる場合は，影響がない程度に休んでみるのもよいかもしれません．

● トレーニングの原則

・全面性の原則：あらゆるスポーツに共通して必要とされる要素を全体的に向上させるトレーニングを行うことを全面性の原則といいます．競技のパフォーマンスを高めようとした時，それぞれの種目特性によって重要となる体力要素や部位が違うので，鍛えるべき体力や部位の優先順位は競技種目ごとに異なります．ですが，多くのスポーツ競技は全身を使います．そのため，競技力向上のためには，全面性の原則に則った全身を鍛えるトレーニングが必要です．競技別のトレーニングメニューとよくいわれますが，どの種目も全身を鍛えるスタンダードなメニューが土台となります．そのうえで，各競技の特性に合わせたトレーニングを加えていくのがよいでしょう．競技特異的な要素だけを鍛えていても，それを支える基礎的な土台がしっかりしていなければ，競技パフォーマンスを根本的から向上させることはできません．

・意識性の原則：何のためのトレーニングなのか，どの筋肉を鍛えているのかなど，意義や目的を理解してトレーニングに取り組むこと，これが意識性の原則です．指導者にいわれて盲目的にトレーニングするよりも，主体的に取り組むほうが効果的ですし，何より楽しいです．トレーニングは競技パフォーマンスを向上させる，試合に勝つ，ダイエットや肉体改造に成功することを目指して行うので，自らの意思で考えて主体的に行いましょう．

・漸進性の原則：トレーニングの内容を徐々に高度な方向に進めていくことです．トレーニングを継続して行っていると，目的とした体力要素が増強していきます．強くなった自分に合わせてトレーニングの強度も高めていくことが必要です．ただし，強度を高くする場合，急激に上げるのではなく徐々に高めることがポイントです．急激に強度を上げ過ぎると，けがのリスクを高めるだけでなくトレーニング効果を減少させてしまう可能性があります．

漸進性の原則の例として，古代オリンピックの英雄「クロトナのミロ」の逸話がよく引用されます．ミロは，少しずつ成長して体重が重くなる子牛を毎日担いで歩くというトレーニングをしていたといわれています．これはまさに漸進性の原則に則ったトレーニングです．

・**反復性の原則**：トレーニングは，1回あるいは数回取り組んだだけですぐに効果が出るものではありません．身体機能の向上に成果が得られ，明らかな効果を実感するには，トレーニングを規則的に一定期間繰り返し行う必要があります．これが反復性の原則です．

ただし，やみくもに反復すればよいというものでもありません．過度なトレーニング実施はオーバートレーニングとなり，逆効果になることもあります．休養とのバランスをうまく取ることが大切です．前述の通り，理想的なトレーニングの頻度は，筋力トレーニングの場合，週2〜3回，持久力トレーニングの場合，週2〜5回とされています．なお，習慣的にトレーニングを行うには，「週の中でできる日に実施」と漠然と計画を立てるよりも，曜日を決めてルーティーン化したほうが続けやすいと思います．

・**個別性の原則**：個人の特質を考慮し，体力レベルや健康状態に応じたトレーニングを行うことを個別性の原則といいます．すべての人に万能な唯一絶対のトレーニングは存在しません．性別，年齢，体力レベル，けがの状態，技術レベル，ポジション，目的などを考慮して，個々人にあったトレーニングプログラムを作成する必要があります．一流選手が行っているトレーニングは，とても魅力的に思えます．しかし，自身の体力レベルにフィットしていないトレーニングであれば，十分な効果を得られません．そればかりか，けがにつながる可能性も考えられます．また，トレーニングが目的に合致していなければ，そもそも期待する効果は得られません．

● **ピリオダイゼーション**

大事な試合でベストの競技パフォーマンスを発揮できる状態をつくりだすには，長期的な視野に立ったトレーニングプランが重要なポイントになります．年間を通じて単調なトレーニングを繰り返すのではなく，トレーニングをいくつかの時期に分け，短期的・長期的にトレーニングを計画することを「ピリオダイゼーション（期分け）」といいます．基本的な理念は，身体の適応能力は3か月ほどで限界を迎えるので，そのくらいのスパンでトレーニング内容を変化させるべきだというものです．

トレーニングによる運動機能の向上が直線的に続くということはありません．トレーニングを始めてしばらくたつと，トレーニング内容に伴った体力増強が起こりますが，一定の期間を過ぎて同じ内容（強度や量など）のトレーニングを繰り返していてもさらなる効果は見込めません．このような状況を避けるため，一定の期間でトレーニング内容（強度や量など）を変えていく必要があります．また，トレーニングに身体を適応させるために，ちょっとした休息期間を設けることも効果的に体力増強を図るうえで有効です．ピリオダイゼーションでは，トレーニング内容に強弱をつけながら，トレーニングによる身体

適応を引き出し，目標とする試合や大会に向けて効率的にコンディションを整えていきます．

現在，トレーニング指導の現場で一般的に用いられているピリオダイゼーションは，準備期，試合期，移行期（休息期または回復期）という3つの時期で構成されるものです．準備期は，鍛錬期とも呼ばれ，筋力や全身持久力などの競技スポーツの基礎となる身体づくりの期間です．試合期は，試合が行われる期間です．ここでは疲労をためすぎないようにしながら，準備期で獲得したトレーニング効果をできるだけ長く保つことが重要となります．ただし，試合期が長期間におよぶ場合，トレーニングをまったく行わなければ当然身体機能は低下していくので，体力を維持するためにもある程度トレーニングを行う必要があります．移行期は，試合期に蓄積した身体的・精神的疲労を回復させるとともに，けがの治療に重点を置きます．加えて，試合を振り返り，次のシーズンに向けた準備を始めます．

トレーニングを期分けするピリオダイゼーションは試合に向けたコンディショニングとして重要ですが，トレーニングの内容を時期で完全に分けてしまうのはやや問題があります．例えば，準備期に筋力トレーニングや持久トレーニングばかりを行い，試合期には競技の練習だけを行っていると準備期に体力が大きく増強したものの，試合期にはせっかく手に入れたトレーニング効果が消えてしまいます．前述の通り，トレーニングの効果はずっと維持できるものではありません．極端なピリオダイゼーションを行っていると，この繰り返しになってしまい，長期的に見ると競技パフォーマンスの土台となる基礎体力が思ったように向上していない場合があります．以上のことから，基礎体力トレーニングは年間を通じて行う必要があるといえます．一般的なピリオダイゼーションプログラムでもこのことは考慮されていますが，準備期と試合期のトレーニング内容がはっきりと分けられすぎている傾向があるように思います．

基礎体力に裏打ちされた競技パフォーマンスの向上を図るには，年間スケジュールの中で，基礎体力トレーニングと競技練習の優先順位に変化を与え，トレーニング内容に強弱をつけながら進める方法がよいと思います．

● **おわりに**

トレーニングは体力増強やその先の競技パフォーマンス向上や健康増進を目指して行うものです．せっかく時間を割いてトレーニングに取り組んでも，トレーニングの刺激が不足しており適切な効果が得られない，あるいは刺激が強すぎてオーバートレーニングに陥るといった状況は"もったいない"以外の何物でもありません．このような状況が起きないように，トレーニングを行う側だけでなく指導する側も体力要素の分類やトレーニングの基本的な指針を理解しておくことが求められます．

付　録

## 骨格系の解剖図

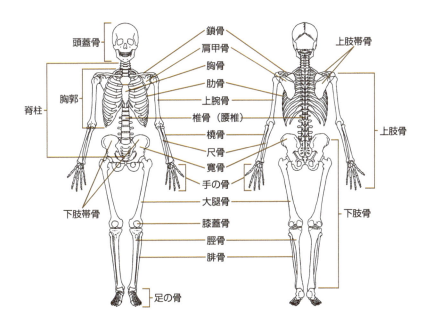

# 大腿と骨盤の筋

● 解剖図
　（右股関節・右大腿・前面）

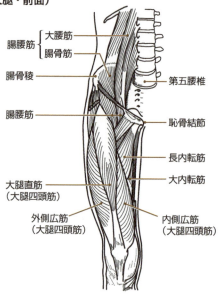

● 大腰筋の加齢変化

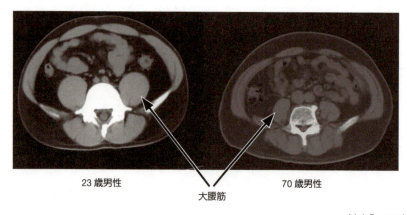

23歳男性　　　　　　　　70歳男性

大腰筋

（本山ら，2007）

## アルコールの体内での処理

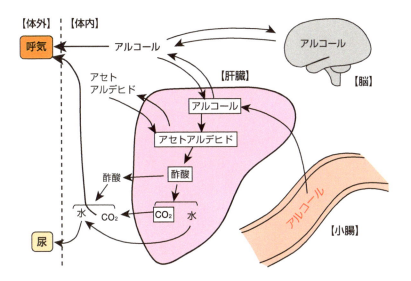

▶体内に入ったアルコールは,腸から吸収されて肝臓に運ばれアセトアルデヒドに分解され酢酸となり,最終的に水と $CO_2$ に分解される.

# 索 引

## 数字・欧文

| | |
|---|---|
| 1RM | 19, 53, 70, 71, 119, 120 |
| ACF | 108 |
| ACTN3 | 54 |
| ATP | 146, 164 |
| ATP-PCr 系 | 7, 165 |
| DASH 食 | 101 |
| EPOC | 170 |
| Global DRO | 82 |
| IGF-1 | 148 |
| J カーブモデル | 91 |
| Low energy availability | 50 |
| LSD | 10, 12 |
| LT | 10, 173 |
| MCI | 156 |
| NK 細胞 | 90 |
| PCr | 165 |
| PNF（Proprioceptive Neuromuscular Facilitation） | 2 |
| SMI（Skeletal Muscle Mass Index） | 112 |
| TCA 回路 | 167 |
| TUE（治療使用特例） | 83 |
| typeI 線維 | 161 |
| typeⅡ線維 | 71, 161 |
| $\alpha$-運動ニューロン | 84 |
| $\beta$ 酸化 | 167 |

## 和文

### あ

| | |
|---|---|
| アイススラリー | 68, 77 |
| アイスバス | 78 |
| アイスパック | 68 |
| アイソメトリック収縮 | 27 |
| アウターマッスル | 24 |
| アキレス腱 | 52 |
| アクチンフィラメント | 160 |
| 朝練習 | 15 |
| 足関節捻挫予防 | 75 |
| アスレティックトレーナー | 75 |
| 汗 | 42, 131 |
| アセチルコリン | 163 |
| 暑さの感じ方 | 133 |
| アデノシン三リン酸（ATP） | 164 |
| アドレナリン | 172 |
| アミロイド $\beta$ | 156 |
| アルコール | 143, 187 |
| アンチエイジング | 156 |
| アンモニア | 146, 147 |

### い

| | |
|---|---|
| イオンチャネル | 174 |
| 萎縮 | 3 |
| 痛みの受容器 | 121 |
| 一次運動野 | 176 |
| 一回最大挙上重量（1RM） | 70 |
| 一次体性感覚野 | 177 |
| 一回拍出量 | 169 |
| 一酸化炭素 | 141 |
| 一般的ウォーミングアップ | 67 |
| 遺伝子検査 | 48 |
| 遺伝要因 | 54 |
| 飲水タイム | 80 |
| インスリン | 105 |
| インスリン様成長因子1（IGF-1） | 148 |
| インターバル走 | 12 |
| インナーマッスル | 24 |
| インパルス | 163 |

### う

| | |
|---|---|
| ウエイトコントロール | 123 |
| ウォーミングアップ | 4, 67 |

| | |
|---|---|
| うつ病 | 154 |
| 運動神経細胞体 | 162 |
| 運動性無月経 | 50 |
| 運動単位 | 162 |
| 運動ニューロン | 84, 176 |
| 運動療法 | 154 |

## え・お

| | |
|---|---|
| 栄養補給 | 65 |
| 栄養補給タイミング | 66 |
| 栄養補助食品（サプリメント） | 139 |
| エキセントリック収縮 | 27 |
| エキセントリックトレーニング | 19 |
| エストロゲン | 51 |
| エネルギー収支 | 124 |
| エネルギー消費量 | 123 |
| エネルギー摂取量 | 123 |
| エネルギーバランス | 37 |
| エフェドリン | 82 |
| 横行小管系 | 160 |
| オープンウィンドウ仮説 | 90 |
| オレキシン | 84 |
| 温度感覚 | 134 |

## か

| | |
|---|---|
| 解糖系（乳酸系） | 166 |
| 海馬 | 150, 152, 156 |
| 覚醒度 | 85 |
| 拡張期血圧 | 100 |
| 学力 | 153 |
| 過剰摂取 | 140 |
| 活動後増強 | 69 |
| カテコールアミン | 172 |
| 緩衝能力 | 45 |
| 関節スタビリティ | 24 |
| 関節モビリティ | 24 |
| 汗腺 | 132, 134 |
| 寒冷環境下 | 133, 136 |

## き

| | |
|---|---|
| 記憶 | 150, 152, 156 |
| 危険因子 | 72 |
| 気分 | 154 |
| 急性外傷 | 72 |
| 急性上気道感染 | 90 |
| 休息時間 | 70 |
| 筋衛星細胞 | 160 |
| 筋温 | 77 |
| 筋活動 | 23 |
| 筋グリコーゲン | 38 |
| 筋原線維 | 27, 160 |
| 禁止物質 | 82 |
| 筋小胞体 | 164 |
| 筋線維 | 161 |
| 筋損傷 | 27, 55 |
| 筋断面積 | 55 |
| 筋肥大 | 18 |
| 筋疲労 | 71, 146 |
| 筋力トレーニング | 18, 138 |

## く

| | |
|---|---|
| クーリングブレイク | 80 |
| クーリングベスト | 68 |
| 繰り返し効果 | 30 |
| グリコーゲン | 103, 105, 146, 147, 166 |
| グリコーゲン・ローディング法 | 63 |
| グルコース | 166 |
| グルコーストランスポーター | 105 |
| クレアチンキナーゼ | 28 |
| クレアチンリン酸（PCr） | 45, 67, 165 |

## け

| | |
|---|---|
| 軽度認知障害（MCI） | 156 |
| 頸部冷却 | 77 |
| けいれん | 121 |
| 血管 | 94 |
| 血管内皮機能の活性化 | 144 |
| 月経障害 | 11, 50 |
| 結合組織の炎症 | 28 |
| 血糖 | 15, 147 |
| 血糖値 | 103, 107 |

## こ

| | |
|---|---|
| 降圧効果 | 102 |
| 抗うつ薬 | 155 |
| 高強度インターバルトレーニング | 6, 8, 151 |
| 高血圧 | 100 |
| 高体温 | 76 |
| 高炭水化物メニュー例 | 64 |

| 高地トレーニング | 12, 45, 144 |
|---|---|
| 更年期障害 | 138 |
| 高齢者 | 52, 134, 152 |
| 骨格筋 | 146 |
| 骨粗鬆症 | 11, 50, 130, 138 |
| 子供 | 125, 131, 153 |
| コホート研究 | 88 |
| コンセントリック収縮 | 27 |
| コンディショニング | 58 |

## さ

| サイキングアップ | 61 |
|---|---|
| 最大酸素借 | 8 |
| 最大酸素摂取量 | 10, 152, 168 |
| サプリメント | 37, 139 |
| サルコペニア | 110, 112, 138 |
| サルコペニア肥満 | 113 |
| サルコメア | 160 |
| 酸化系（有酸素系） | 167 |

## し

| 試合当日の食事 | 65 |
|---|---|
| 試合前調整期 | 63 |
| 持久性トレーニング | 136 |
| 持久力 | 152 |
| 視床下部 | 84 |
| 実行機能 | 152, 156 |
| シナプス | 175 |
| シナプス小胞 | 163 |
| 収縮期血圧 | 100 |
| 受動的ウォーミングアップ | 67 |
| 衝撃吸収 | 73 |
| 小脳 | 177 |
| 食育 | 140 |
| 食事 | 63, 65, 93, 123 |
| 食事の基本形 | 40 |
| 食事バランス | 40 |
| 女性アスリートの三主徴 | 50 |
| 暑熱環境 | 131, 135 |
| 暑熱順化 | 43 |
| 暑熱耐性 | 43, 133 |
| 自律神経系 | 92 |
| 神経活動 | 149 |
| 神経筋接合部 | 163 |
| 神経細胞 | 148, 174 |

| 神経新生 | 150 |
|---|---|
| 神経伝達物質 | 149 |
| 心血管疾患 | 144 |
| 心身相関 | 92 |
| 深層外旋六筋 | 25 |
| 身体組成の測定 | 39 |
| 身体冷却 | 76 |
| 伸張性収縮 | 27, 52 |
| 心拍出量 | 169 |
| 心拍数 | 43 |
| 心理的ゾーン | 60 |

## す

| 随意筋 | 160 |
|---|---|
| 随意最大筋力 | 84 |
| 水中運動 | 116 |
| 垂直跳び | 69 |
| 水分摂取量 | 44 |
| 睡眠 | 34, 85 |
| スタティックストレッチング | 2, 4 |
| ストレス | 154 |
| ストレス反応 | 84, 173 |
| スポーツ傷害 | 72 |
| スポーツファーマシスト | 83 |
| スロートレーニング | 19, 120 |

## せ・そ

| 生活活動 | 88 |
|---|---|
| 生活の質 | 117 |
| 精神疾患 | 154 |
| 積極的休息 | 32 |
| セルフモニタリング | 126 |
| セロトニン | 149 |
| セロトニン仮説 | 147 |
| 前がん病変 | 108 |
| 前十字靭帯損傷 | 73 |
| 前頭前野 | 152, 156 |
| 専門的ウォーミングアップ | 67 |
| 相対危険度 | 88 |
| 相対的エネルギー不足 | 37 |
| 速筋 | 19 |
| 速筋線維（type II 線維） | 71, 161 |

## た

| 体温 | 42, 147 |
|---|---|

| | |
|---|---|
| 体温調節中枢 | 132, 134 |
| 体幹トレーニング | 21 |
| 体重減少 | 80 |
| 体重モニタリング | 38 |
| 大腸がん | 108 |
| ダイナミックストレッチング | 2, 4 |
| 大脳皮質 | 176 |
| 耐容上限量 | 139 |
| 多段階発がんモデル | 108 |
| ダッシュ食 | 101 |
| 脱水 | 43, 79 |
| タバコ | 141 |
| タバタプロトコール（Tabata Protocol） | 6, 47 |
| ダブルプロダクト | 144 |
| タレント発掘・育成プログラム | 48 |
| 短期的介入 | 73 |
| 短縮性収縮 | 27 |

## ち・つ

| | |
|---|---|
| 遅筋 | 19 |
| 遅筋線維（typeI線維） | 161 |
| 遅発性筋肉痛 | 27 |
| 中枢神経系 | 79, 175 |
| 中枢性疲労 | 147 |
| 超回復 | 32 |
| 腸管蠕動運動 | 109 |
| 長期的介入 | 73 |
| 超高強度インターバルトレーニング | 12 |
| 朝食 | 15, 40, 65 |
| 腸内細菌叢 | 92 |
| 貯熱量 | 76 |

## て

| | |
|---|---|
| 低強度の運動 | 151 |
| 低酸素環境 | 12, 45, 144 |
| 低体温症 | 133, 136 |
| 低ナトリウム血症 | 81 |
| テーパリング | 58 |
| 適正種目 | 55 |
| 手続き記憶 | 34 |
| 電子伝達系 | 167 |

## と

| | |
|---|---|
| 統合失調症 | 155 |
| 等尺性収縮 | 27 |
| 糖尿病型 | 104 |
| 動脈血管 | 95 |
| 動脈硬化 | 95, 97, 137 |
| 動脈スティフネス | 144 |
| ドーパミン | 149 |
| ドーピング | 139 |
| ——をしない・させないための十か条 | 82 |
| ドリフト | 171 |
| トリプトファン | 147 |
| トレーニング | 58 |
| ——の原則 | 182 |
| ——の原理 | 180 |
| トレーニング強度 | 58 |
| トレーニング効果 | 6 |
| トレーニング処方の工夫 | 13 |
| トレーニング頻度 | 58 |
| トレーニング量 | 58 |
| トロポニン | 164 |
| トロポミオシン | 164 |

## な行

| | |
|---|---|
| 内臓脂肪 | 126 |
| 内分泌系 | 92 |
| ナチュラルキラー細胞 | 90 |
| ニコチン | 142 |
| 日常生活動作 | 117 |
| 日本体育協会認定スポーツドクター | 75 |
| 乳酸 | 27, 142, 173 |
| 乳酸系 | 166 |
| 乳酸性作業閾値 | 10 |
| ニューロイメージング研究 | 153 |
| ニューロン | 174 |
| 認知機能 | 79, 152 |
| 認知症 | 156 |
| 認知予備力 | 157 |
| 熱産生 | 133 |
| 熱産生量 | 42 |
| 熱中症 | 77, 133, 134 |
| 熱放散 | 131, 134 |

| | | | |
|---|---|---|---|
| 熱放散能 | 134 | 骨密度 | 129 |
| 熱放散量 | 42 | ホメオスタシス | 81 |
| 脳 | 146 | ホルモン | 84, 173 |
| 脳幹網様体賦活系 | 84, 149 | | |
| 脳腸相関 | 92 | **ま行** | |
| 脳由来神経栄養因子 | 148 | マスターズ競技者 | 52 |
| ノーペイン，ノーゲイン | 30 | 末梢血管抵抗 | 102 |
| のどの渇き | 133 | 慢性障害 | 72 |
| ノルアドレナリン | 149 | ミオグロビン濃度 | 30 |
| ノンレム睡眠 | 34 | ミオシンフィラメント | 160 |
| | | 身近な薬 | 82 |
| **は行** | | 無酸素性エネルギー供給系 | 17, 45, 167, 181 |
| ハイパフォーマンス | 84 | 免疫 | 90 |
| 発汗 | 131, 134 | 免荷効果 | 116 |
| 発汗神経 | 134 | モノアミン作動性神経 | 84 |
| 発汗量 | 43 | | |
| 発射頻度 | 162 | **や行** | |
| 発症予防 | 109 | 有酸素運動 | 8, 97, 101 |
| バランス保持効果 | 116 | 有酸素系 | 167 |
| ピーキング | 58 | 有酸素性エネルギー | 17 |
| ピークパフォーマンス | 60 | ユース競技者 | 48 |
| 皮膚血流 | 134 | 要介護・寝たきり | 117 |
| 皮膚血流量 | 131 | | |
| 皮膚交感神経 | 134 | **ら行** | |
| ピリオダイゼーション | 33, 183 | ランニング障害 | 11 |
| 疲労 | 146 | 利尿作用 | 102 |
| 疲労物質 | 146 | 量反応関係 | 89 |
| 肥満（子供） | 125 | リラクセーション | 61 |
| 副交感神経 | 3 | リラックス効果 | 116 |
| ブドウ糖 | 103 | ルーティン | 61 |
| ブラジキニン | 28 | 冷水浴 | 76 |
| プランク | 21 | レジスタンス運動 | 97, 101, 110 |
| フレイル | 110, 114 | レム睡眠 | 34 |
| プレクーリング | 68, 76 | 連結橋 | 164 |
| プロバイオティクス | 93 | 老化 | 134 |
| 防衛体力 | 90 | ローテーター・カフ | 25 |
| 補食 | 40 | | |
| 歩数 | 128 | | |

## 編者紹介

**征矢英昭**（そやひであき）
1984年　筑波大学大学院体育研究科修了
1989年　群馬大学大学院医学研究科修了
　現　在　筑波大学体育系運動生化学　教授　医学博士

**本山　貢**（もとやまみつぎ）
1992年　福岡大学大学院体育学研究科修了
　現　在　和歌山大学教育学部　教授　博士（体育学）

**石井好二郎**（いしいこうじろう）
1989年　兵庫教育大学大学院学校教育研究科修了
　現　在　同志社大学スポーツ健康科学部　教授　博士（学術）

NDC 780　203 p　21 cm

もっとなっとく　使える（つか）スポーツサイエンス

2017年 4 月20日　第 1 刷発行
2024年 1 月23日　第 7 刷発行

編　者　征矢英昭（そやひであき）・本山貢（もとやまみつぎ）・石井好二郎（いしいこうじろう）
発行者　森田浩章
発行所　株式会社　講談社　　KODANSHA
　　　　〒112-8001　東京都文京区音羽 2-12-21
　　　　　販　売　(03)5395-4415
　　　　　業　務　(03)5395-3615
編　集　株式会社　講談社サイエンティフィク
　　　　代表　堀越俊一
　　　　〒162-0825　東京都新宿区神楽坂 2-14　ノービィビル
　　　　　編　集　(03)3235-3701

本文データ制作　株式会社双文社印刷
カバー印刷
表紙・本文印刷　株式会社ＫＰＳプロダクツ
製本

落丁本・乱丁本は，購入書店名を明記のうえ，講談社業務宛にお送り下さい．送料小社負担にてお取替えします．なお，この本の内容についてのお問い合わせは講談社サイエンティフィク宛にお願いいたします．
定価はカバーに表示してあります．

© H. Soya, M. Motoyama, K. Ishii, 2017

本書のコピー，スキャン，デジタル化等の無断複製は著作権法上での例外を除き禁じられています．本書を代行業者等の第三者に依頼してスキャンやデジタル化することはたとえ個人や家庭内の利用でも著作権法違反です．

JCOPY　〈（社）出版者著作権管理機構　委託出版物〉
複写される場合は，その都度事前に（社）出版者著作権管理機構（電話 03-5244-5088，FAX 03-5244-5089，e-mail : info@jcopy.or.jp）の許諾を得て下さい．
Printed in Japan

ISBN 978-4-06-280664-0

## 講談社の自然科学書

### コアコンディショニングとコアセラピー
平沼 憲治／岩崎 由純・監修
蒲田 和芳／渡辺 なおみ・編
日本コアコンディショニング協会・協力　B5・254頁・定価4,620円

コアコンディショニングの体系的理解。体幹部の骨格・筋肉のゆがみをとるコアコンディショニング。科学的・医学的理論と実践例を紹介。選手や一般向けだけでなく、介護予防向けのプログラムも紹介。

### 子どもの健康と遊びの科学
からだと心を育む術
安部 孝／尾崎 隼朗／川畑 和也／清水 洋生／
宮田 洋之・著　B5・160頁・定価2,090円

子どもの健康や発育発達に「遊び」はどう影響するのか。評価方法や遊びの具体例、工夫・支援の方法、安全対策など、わかりやすく解説。図表やイラスト多用。カラー刷。

### これからの体育・スポーツ心理学
國部 雅大／雨宮 怜／江田 香織／中須賀 巧・編
B5・256頁・定価2,860円

運動学習、社会心理、健康心理、メンタルトレーニング・カウンセリングの全体像を解説した。カラー刷。「体育心理学」「スポーツ心理学」「体育・スポーツ心理学」などの教科書としておすすめ。

### 高齢者の筋力トレーニング
安全に楽しく行うための指導者向け実践ガイド
DVD付き
都竹 茂樹・著　B5・124頁・定価3,080円

介護予防の現場で活用できる実践テキスト。マシンを使わずに安全かつ効果的に行える筋力トレーニング法を紹介。理論についてもわかりやすく説明し、筋トレ教室の運営方法にも言及。保健師、介護関係者にとっても待望の1冊。DVD付き（約45分）。

### 健康・運動の科学
介護と生活習慣病予防のための運動処方
田口 貞善・監修　小野寺 孝一／山崎 先也／村田 伸／
中澤 公孝・編　B5・199頁・定価2,420円

運動処方の基礎理論から対象別（生活習慣病予防、高齢者の転倒予防、認知症予防、骨粗鬆症予防）の応用例、運動指導の実際まで具体的に解説。さらに運動効果の最新のエビデンスを紹介。「健康運動」「運動処方」の教科書にも最適。

### 新版 乳酸を活かしたスポーツトレーニング
八田 秀雄・著　A5・156頁・定価2,090円

最新知見のカラー改訂版。乳酸を切り口に、運動時の生体内のメカニズムを基礎からやさしく説明。血中乳酸濃度測定のノウハウ、各競技の活用事例も紹介。

### スポーツカウンセリング入門
内田 直・著　A5・134頁・定価2,420円

選手の心を支えるために。臨床心理学の基礎から、カウンセリング技法、スポーツに特有の背景などを、わかりやすく説明する。

### 好きになる解剖学 Part3
自分の体のランドマークを確認してみよう
竹内 修二・著　A5・215頁・定価2,420円

見開き構成。解剖図もカラーになって、よりわかりやすい。体表に触れ、からだを動かしながら、筋肉や骨などの位置や機能を勉強しよう。内臓や神経、血管などの位置も実感できる。

### これからの健康とスポーツの科学 第5版
安部 孝／琉子 友男・編
B5・207頁・定価2,640円

一般教養の体育の教科書。各種データを更新し、サルコペニアなど話題のテーマも取り上げた。生活習慣病、運動の効果、筋力トレーニングのメカニズム、骨粗鬆症、ストレスへの対応など。2色刷。

### 好きになる栄養学 第3版
食生活の大切さを見直そう
麻見 直美／塚原 典子・著　A5・255頁・定価2,420円

身近な話題をテーマに、栄養学をやさしく学べる。生化学の知識がなくてもらくらく理解。献立作成、ライフステージ別食生活、スポーツ栄養まで学べる入門書。4色刷。

※表示価格は税込み価格（税10%）です。　「2024年1月現在」

講談社サイエンティフィク　https://www.kspub.co.jp/